刊　　名：马克思主义与伦理学

主办单位：中国人民大学伦理学与道德建设研究中心

主　　编：吴付来

执行主编：曹　刚

副 主 编：李义天　张　霄

马克思主义与伦理学（第6辑）

马克思主义与伦理学

第6辑

吴付来 主编

中国人民大学出版社
·北京·

马克思主义与伦理学

第6辑

目录
CONTENTS

❖立　论❖

❖域　外❖

❖书　评❖

专 稿

从“十个坚持”分析中国共产党的百年成功经验*

郭广银　徐椿梁**

摘　要：党的十九届六中全会通过了《中共中央关于党的百年奋斗重大成就和历史经验的决议》，从“十个坚持”系统而全面地分析了中国共产党百年成功历史的原因，深刻揭示了党的领导是党和人民事业取得伟大成功的根本保证；揭示了坚持人民至上与坚持统一战线是我们党始终立于不败之地的力量源泉；揭示了坚持伟大斗争、坚持独立自主、坚持中国道路以及坚持胸怀天下是党始终掌握历史主动的根本原因；也揭示了坚持理论创新、坚持开拓创新与坚持自我革命是党永葆先进性与纯洁性、始终走在世界前列的根本途径。

关键词：中国共产党　成功经验　马克思主义　十个坚持

中国共产党为何能领导中国人民实现中华民族伟大复兴？中国共产党凭借百年来努力成功回答了这“百年之问”。党的十九届六中全会所通过的《中共中央关于党的百年奋斗重大成就和历史经验的决议》（以

---

* 本文系江苏省社科基金资助项目“习近平总书记关于思想道德建设的重要论述及贡献研究”（SJS221017），中央马克思主义理论研究和建设工程重大项目、国家社科基金重大项目“习近平新时代中国特色社会主义思想对马克思主义中国化的历史贡献研究”（2020MZD016）的阶段性成果。

** 郭广银，山东临清人，江苏省中国特色社会主义理论体系研究中心特约研究员，南京大学哲学系教授；徐椿梁，南京邮电大学教授。

下简称《决议》）系统回答了这“百年之问”，《决议》中“十大坚持”很好地总结了中国共产党百年来成功的历史经验。从总结中提升，从体系中凝练，这“十大坚持”具有十分重要的理论意义、时代意义、实践意义和政治意义。

一、坚持中国共产党的领导是党和人民事业不断成功的根本保证

在近百年的中国历史发展进程中，我们经历了革命、建设、改革以及新时代中国特色社会主义历史发展时期，中国人民为什么能够实现从站起来到富起来的历史转变，并开始进入强起来的历史奋斗时期？其根本原因就在于中国共产党领导。《决议》中指出“中国人民和中华民族之所以能够扭转近代以后的历史命运、取得今天的伟大成就，最根本的是有中国共产党的坚强领导。历史和现实都证明，没有中国共产党，就没有新中国，就没有中华民族伟大复兴”①。历史证明，在中国道路探索与前进过程中，中国共产党领导中国人民一同奋进，取得了举世瞩目的伟大历史成就，坚持中国共产党领导是党和人民伟大事业成功的根本保证。

为什么要坚持中国共产党领导？中国近代历史发展便是最好的答案。在中国共产党成立之前，就没有一个政党能够领导中国人民取得中国革命成功。而自中国共产党成立后，无论是在革命、建设、改革，还是新时代中国特色社会主义时期，中国共产党都能够领导中国人民从一个胜利走向另一个胜利。在新民主主义革命时期，中国共产党领导中国人民成功地推翻了帝国主义、封建主义以及官僚资本主义压在人民头上的三座大山，彻底结束了中国半殖民地半封建历史，结束了一盘散沙、四分五裂局面，彻底废除了帝国主义列强强加给中国的不平等条约，以

① 中共中央关于党的百年奋斗重大成就和历史经验的决议．北京：人民出版社，2021：65.

及帝国主义在中国享有的各项特权，赢得了领土完整与国家独立，为中华民族复兴创造了根本性条件。社会主义革命和建设时期，中国共产党成功建立了中央各级人民民主政权、初步建立政治制度，尤其是成功建立了社会主义基本制度，为民族复兴建立了政治前提与制度基础。改革开放和社会主义现代化建设时期，中国共产党领导中国人民通过改革开放，成功开辟了中国特色社会主义道路，进一步解放与发展了生产力，为民族复兴打下了坚实的物质基础。进入新时代，中国共产党日趋完善中国特色社会主义制度，将此作为深化改革的目标，进一步提升生产力发展水平，并成功地实现了对生产力发展所产生的物质财富进行再一次公平性分配。到 2020 年底，“我国脱贫攻坚战取得了全面胜利，现行标准下 9 899 万农村贫困人口全部脱贫，832 个贫困县全部摘帽，12.8 万个贫困村全部出列”①，创造了人类脱贫历史上的奇迹，为民族复兴提供了更加完善的制度、更为丰富的物质基础和更为强大的精神力量。

为什么坚持中国共产党领导？那是因为在时代发展的潮流中，中国共产党有着坚定的政治信念，能够始终坚持自己的崇高理想，始终坚持社会主义道路。作为马克思主义政党，中国共产党自成立之日起，就将共产主义理想作为自己的崇高理想，将实现社会主义现代化与中华民族伟大复兴作为自己矢志不渝的崇高目标。近百年来，几代中国共产党人都为此奋斗过、冲锋过，甚至是牺牲过。“为中国人民谋幸福，为中华民族谋复兴”② 是中国共产党的历史使命与初心信念。中国共产党成功地将“最高纲领”与“最低纲领”统一在一起，一百年来始终坚持社会主义正确方向不变。毛泽东指出：“只有社会主义能够救中国。”③ 在中国共产党领导下，我们成功实现了民族独立，完成社会主义革命，初步建立社会主义基本制度。我们也成功进行了改革开放，始终将坚持四项基本原则作为“实现四个现代化的根本前提”④。进入新时代，中国共

① 全国脱贫攻坚总结表彰大会在京隆重举行．人民日报，2021-02-26（1）.
② 十九大以来重要文献选编：上．北京：中央文献出版社，2019：1.
③ 毛泽东文集：第7卷．北京：人民出版社，1999：214.
④ 邓小平文选：第2卷.2版．北京：人民出版社，1994：164.

产党人秉持这一理念，结合时代发展的新要求与新矛盾，提出了新时代中国特色社会主义思想，“中国特色社会主义是社会主义而不是其他什么主义，科学社会主义基本原则不能丢，丢了就不是社会主义”[①]。因此无论是革命、建设、改革，还是新时代中国特色社会主义时期，都充分证明了中国共产党都能站在时代前沿，准确把握历史发展的正确方向。

为什么要坚持中国共产党领导？因为中国共产党有着强大的政治领导能力。早在中国共产党成立之前，没有哪个政党能够领导中国革命取得胜利。这是因为没有哪个政党能够像中国共产党一样有着强大的政治领导能力，能够将一盘散沙、四分五裂的中国整合为一个整体，领导中国人民取得革命胜利，“在中国，在五四运动以来的六十年中，除了中国共产党，根本不存在另外一个像列宁所说的联系广大劳动群众的党”[②]。中国共产党的强大政治领导能力具体包括了对群众的组织能力、思想引导能力、社会号召能力等。进入新时代，习近平总书记强调“党是最高政治领导力量”[③] 这一重大论断，无论是在经济领域、政治领域、文化领域，还是在思想领域中，中国共产党领导都起到了“引擎”作用。尤其在思想领域中，近代以来随着西方意识形态输入，许多中国人丧失了独立思考能力，在思想认知上丧失起码的认知能力，成功地被西方意识形态洗脑，极力主张通过西方资本主义的发展模式来实现社会现代化。放眼世界，尽管那些所谓仿效西方发展模式的第三世界国家，或者被西方进行所谓“颜色革命”的国家，并没有实现自己的长治久安，但是这些事实却在一些主张效仿西方国家的国人眼里，视而不见。实践充分证明了，任何国家发展都必须要依靠自己，必须要坚持本国国情。实践也充分证明了，也只有中国共产党凭借着自身强大的政治领导能力才能够抵抗住西方意识形态冲击。因此，面对这种情况，习近平总书记强调中国发展必须要坚持中国共产党领导，“我们治国理政的本根，

---

① 习近平．关于坚持和发展中国特色社会主义的几个问题．奋斗，2019（7）：2.

② 邓小平文选：第 2 卷．2 版．北京：人民出版社，1994：170.

③ 十九大以来重要文献选编：上．北京：中央文献出版社，2019：797.

就是中国共产党领导和社会主义制度”①。

二、坚持人民至上、坚持统一战线是党始终立于不败之地的力量源泉

建党百年来，中国共产党能够始终处于不败之地，不仅依靠自身强大能力，也同样需要社会支持。中国共产党一直秉持“人民至上”与“统一战线”这两大团结理念，这样就无疑从社会中获得了支持的力量源泉。坚持“人民至上”，说明了“党的根基在人民、血脉在人民、力量在人民，人民是党执政兴国的最大底气”②。同时，中国共产党还信奉“团结就是力量。建立最广泛的统一战线，是党克敌制胜的重要法宝，也是党执政兴国的重要法宝”③。因此，两大力量源泉，一是“坚持人民至上”，获得人民支持；二是“统一战线”，团结能够团结的力量，在全社会形成最大的向心力。

中国共产党之所以能够开辟实现中华民族伟大复兴的中国道路，其成功的经验在于“坚持人民至上”④。习近平总书记强调：“要牢记群众是真正的英雄，任何时候都不能忘记为了谁、依靠谁、我是谁，真正同人民结合起来。”⑤“为了谁”是中国共产党人的立场问题，作为马克思主义政党，中国共产党必须要代表无产阶级和最广大劳动人民的利益；“一切为了人民”是中国共产党人的政治立场，中国共产党从成立起就将人民的利益放在最高位，无自己的私利，并将带领人民创造美好生活作为中国共产党人始终不渝的奋斗目标。“党代表中国最广大人民根本利益，没有任何自己特殊的利益，从来不代表任何利益集团、任何权势

① 习近平关于社会主义政治建设论述摘编．北京：中央文献出版社，2017：8.

② 中共中央关于党的百年奋斗重大成就和历史经验的决议．北京：人民出版社，2021：66.

③ 同②70.

④ 中共十九届六中全会在京举行．人民日报，2021-11-12（1）.

⑤ 习近平在中央党校（国家行政学院）中青年干部培训班开班式上发表重要讲话强调：在常学常新中加强理论修养 在知行合一中主动担当作为．人民日报，2019-03-02（1）.

团体、任何特权阶层的利益，这是党立于不败之地的根本所在。”①“依靠谁”彰显中国共产党在实践中一直坚持人民主体地位，社会历史进步必须要“依靠人民”。作为马克思主义政党，中国共产党秉持历史唯物史观，坚持人民是历史的缔造者，是推动社会进步的根本动力，“人民，只有人民，才是创造世界历史的动力”②。中国共产党坚持一切依靠人民的实践立场，一百年来，人民实践的主体意识、主动性以及创造性都得到了进一步提升。“我是谁”充分表明了中国共产党的党性与人民性高度统一。回顾中国共产党的百年历史，中国共产党之所以能够得到人民的信任与支持，之所以能够带领中国人民取得伟大胜利，有一个重要原因就是中国共产党同人民之间保持了血肉关系。中国共产党将人民视为自己的立根之本、力量之源，并敢于自觉接受人民监督。检验党的工作成效取决于人民是否满意，人民生活水平是否得到提高，人民在现实生活中的幸福感、获得感以及安全感是否得以提升。因此，必须要牢记“江山就是人民、人民就是江山，坚持一切为了人民、一切依靠人民，坚持为人民执政、靠人民执政，坚持发展为了人民、发展依靠人民、发展成果由人民共享，坚定不移走全体人民共同富裕道路，就一定能够领导人民夺取中国特色社会主义新的更大胜利”③。

“统一战线”是马克思主义政党的独特优势，中国共产党自成立之日起就坚持统一战线。“统一战线”作为党的三大法宝之一，无疑也在表明，“越是变化大，越是要把统一战线发展好、把统战工作开展好”④。百年来，党的统一战线在每一历史阶段都充分发挥了价值凝聚功能。中国共产党能够将马克思主义统一战线理论同中国具体历史时期的政治、经济、文化等实际情况统一在一起，这样既能尊重各大联盟阶层的多样性，又能确立任务目标的一致性。一致性是统一战线的价值前

① 中共中央关于党的百年奋斗重大成就和历史经验的决议．北京：人民出版社，2021：66.

② 毛泽东选集：第3卷．2版．北京：人民出版社，1991：1031.

③ 同①.

④ 十八大以来重要文献选编：中．北京：中央文献出版社，2016：557.

提，起到价值灵魂作用，明确了价值目标。而尊重各大联盟阶层的多样性，是统一战线的重要内容。将一致性与多样性统一在一起，以一致性为前提，这样既能够在尊重不同阶层、社会团体与党派利益的前提下，又能够在一致性价值目标指引下，将这些利益团体整合在一起，最大限度地团结能够团结的力量。作为马克思主义政党，中国共产党坚持从历史发展角度来发展统一战线，时代发展的特殊性必然会要求统一战线也要有新的历史任务与新的历史形式。因此，百年来，中国共产党领导下的统一战线也经历了五个历史阶段转变，具体为国民革命联合战线、工农民主统一战线、抗日民族统一战线、人民民主统一战线以及爱国统一战线。从历史形式变化的背后，我们也看到了一些实质性变化，既成功实现了从革命策略向治国策略转变，也成功实现了从革命统一战线向爱国统一战线转变。团结就是力量，中国共产党领导下的统一战线，使得不同阶层、社会团体与各民主党派更加清晰地认识到只有坚持共产党领导才能救中国、发展中国，使统一战线成为巩固党领导的重要法宝。与此同时，统一战线为提升国家治理的现代化水平也提供了很好的平台。一方面，能够凝聚共识，求同存异，为国家现代化治理提供多种模式；另一方面，充分发挥各民主党派和各社会团体的民主监督功能与参政议政功能，提升国家现代化的治理水平。

三、坚持伟大斗争、坚持独立自主、坚持中国道路、坚持胸怀天下是党始终掌握历史主动的根本原因

既要尊重历史发展规律，也要在历史发展中积极主动地掌握历史发展。作为马克思主义政党，在马克思主义科学理论指导下，中国共产党自成立之日起，就能够站在历史的高度审视中国的历史现状，准确预判中国历史发展的未来。这些都源自中国共产党一直以积极姿态、主体姿态投身于中国革命道路与建设道路之中，将社会发展的主动权牢牢地掌握在自己手中。

“斗争”一直是中国共产党人追寻伟大事业的主旋律，“敢于斗争、

敢于胜利，是党和人民不可战胜的强大精神力量”[①]。对于中国共产党而言，斗争就是在马克思主义科学理论指导下所进行的一系列伟大历史变革，具体而言就是中国共产党领导中国人民取得了革命、建设、改革开放的伟大胜利，以及中国共产党领导下开创了新时代中国特色社会主义道路。然而，每一次历史变革的道路都不会平坦，我们在面临着重大历史机遇的同时，也面临着重大的风险与挑战。这也就充分说明了“党和人民取得的一切成就，不是天上掉下来的，不是别人恩赐的，而是通过不断斗争取得的”[②]。中国共产党的历史就是斗争的历史，作为马克思主义政党，中国共产党秉持了马克思主义伟大斗争精神，在斗争过程中继承了马克思主义的彻底批评精神与坚决斗争意志，为夺取伟大胜利提供了精神指引。习近平总书记指出：“敢于斗争是我们党的鲜明品格。”[③] 通过斗争，中国共产党人明确了斗争的领导主体与依靠主体，将坚持中国共产党领导与依靠人民成功地统一在一起；通过斗争，更加明确了推进社会主义制度历史性变革的任务，并与经济快速发展和社会稳定统一在一起；通过斗争，不仅彰显了斗争的意志品格，而且还在斗争过程中体现了中国共产党人成功地将斗争原则与斗争灵活性统一在一起，形成了“勇于斗争、敢于斗争与善于斗争”的斗争原则。中国共产党百年斗争历史彰显了中国共产党人在历史发展进程中的主体积极性，通过“斗争”将中国历史发展命运牢牢掌握在自己手中。

“道路决定命运”是中国共产党百年来的成功实践经验。从历史宏观视角来看，正是因为中国共产党坚持中国道路，才取得了中国革命、建设、改革的伟大胜利，开创了新时代中国特色社会主义道路，带领全国人民经历了从“站起来”“富起来”到“强起来”这一伟大历史转变。“方向决定道路，道路决定命运。党在百年奋斗中始终坚持从我国国情

---

① 中共中央关于党的百年奋斗重大成就和历史经验的决议．北京：人民出版社，2021：69.

② 同①.

③ 习近平在中央党校（国家行政学院）中青年干部培训班开班式上发表重要讲话强调：立志做党光荣传统和优良作风的忠实传人 在新时代新征程中奋勇争先建功立业．人民日报，2021-03-02（1）.

出发，探索并形成符合中国实际的正确道路。”① 坚持中国道路自然明确了发展所指向的战略目标，这就回答了“中国发展应该走向何方”的问题。这就意味着在发展方向的顶端存在战略指引目标，并且历史发展的具体阶段也会决定战略目标的历史性，什么样的具体历史发展阶段决定什么样的发展目标。依照中国共产党百年发展的每一具体历史阶段，主要包括了革命、建设、改革以及新时代中国特色社会主义历史阶段。那么，道路发展的阶段性目标就归结为：实现民族独立——初步建立社会主义制度——解放和发展生产力——逐步实现人民共同富裕与人的全面发展。道路战略目标的阶段性并不意味着目标的孤立，每一阶段目标都是后阶段目标的前提与条件，并且从历史发展的联系性而言，中国道路的背后一直都是以坚持与发展生产力、实现全体人民的共同富裕、促进人的全面发展、实现社会主义现代化以及中华民族伟大复兴作为道路发展的宏伟目标与价值理念。这样的道路选择成功地超越资本社会中以资本追求为目标的价值追求，成功地将生产力发展与人的发展统一在一起。于是，中国道路呈现了三大实践动能，明确了发展方向，激发了人们在道路前进中的主动性与能动性；明确了奋斗目标，极大地提升了人们奋勇前进的斗志；确立的发展价值理念，极大地凝聚了人们的价值认识，在社会群体中形成了巨大的价值向心力。

当然，中国道路必须“脚踏中华大地，传承中华文明，走符合中国国情的正确道路”②。这就意味中国道路必须要依靠独立自主的发展原则。需要强调的是，虽然道路选择应该以开放包容的姿态学习与借鉴国外的先进经验，但这绝不意味着就不坚持独立自主的发展原则而照搬照抄别国经验、脱离本国实际而极度依赖一种放之四海而皆准的发展模式。习近平总书记指出：“我们要虚心学习借鉴人类社会创造的一切文明成果，但我们不能数典忘祖，不能照抄照搬别国的发展模式，也绝不会接受任

① 中共中央关于党的百年奋斗重大成就和历史经验的决议．北京：人民出版社，2021：68.

② 同①.

何外国颐指气使的说教。”① 实质上，“人类历史上没有一个民族、一个国家可以通过依赖外部力量、照搬外国模式、跟在他人后面亦步亦趋实现强大和振兴”②。“走自己的路”是中国共产党这百年来的成功经验，主要包括坚持本国历史文化、坚持中国实际、坚持中国共产党领导、坚持以人民为中心，始终将国家与民族发展命运掌握在自己手中。

中国共产党始终坚持胸怀天下，“党始终以世界眼光关注人类前途命运，从人类发展大潮流、世界变化大格局、中国发展大历史正确认识和处理同外部世界的关系，坚持开放、不搞封闭，坚持互利共赢、不搞零和博弈，坚持主持公道、伸张正义，站在历史正确的一边，站在人类进步的一边”③。反观西方，所谓的西方强国始终都没有改变其霸权主义、强权政治一贯做法，经常使用虚伪民主的伎俩，强行向他国输送西方模式的意识形态，刻意将自身利益强加于他国的发展权利之上，奉行国际关系中的“丛林法则”，积极推行“弱肉强食”的游戏规则。与西方做法完全相反，中国共产党坚持“胸怀天下”，坚持“人类命运共同体”的合作发展理念，重构国与国之间的合作和沟通方式，倡导国际环境的和平稳定与公平正义，体现了在国际事务中的大国担当。在国际关系中，尊重国家发展多元化与自身发展模式，尊重各个国家的历史文化。在坚持全人类利益基础上，倡导和平对话，并积极推行互惠共赢的经济交往形式，习近平总书记在倡导“人类命运共同体”的基础上，倡导“和平、发展、公平、正义、民主、自由，是全人类的共同价值”④，从全人类的共同利益出发，为人类命运共同体建构了一种共识性的全人类发展的价值理念。

---

① 十八大以来重要文献选编：中．北京：中央文献出版社，2016：6.

② 中共中央关于党的百年奋斗重大成就和历史经验的决议．北京：人民出版社，2021：67.

③ 同②68.

④ 同①695.

四、坚持理论创新、坚持开拓创新、坚持自我革命是党永葆先进性和纯洁性、始终走在时代前列的根本途径

先进性与纯洁性是中国共产党的本质属性和根本特征。回顾党的百年历史，中国共产党之所以能在中国革命、建设、改革以及新时代中国特色社会主义历史时期起到领导核心作用，并能在复杂的历史环境中经受住历史考验，取得举世瞩目的伟大历史成就，其根本原因在于中国共产党始终都能保持党的先进性与纯洁性。党的先进性与“理论创新”“开拓创新”密切相关，而党的纯洁性与“自我革命”密切相关。“理论创新”使我们党的意识始终跟上时代，并能够引领时代发展；“开拓创新”能使我们党的伟大事业经受住历史考验、独立潮头；“自我革命”是我们无产阶级革命政党的底色，能使我们党在思想上、组织上、作风上始终保持住自身的“纯洁性”。

中国共产党的先进性是由作为马克思主义政党的本质属性决定的，保持党的先进性当然离不开对马克思主义理论的坚持与发展。《决议》指出“马克思主义是我们立党立国、兴党强国的根本指导思想”①。作为马克思主义政党，中国共产党始终将坚持马克思主义作为保持本质属性不变的根本保障。中国共产党的先进性取决于其理论品质上的先进性，取决于其指导思想上的先进性。中国共产党自成立起就以马克思主义作为其指导思想，马克思主义揭示了人类社会发展规律，通过批判资本主义社会，揭示人性异化现象，提出以人为本，突破资本社会中“人对物高度依赖”的魔咒，从人的自身来实现自由全面发展。中国共产党坚信马克思主义是颠扑不破的科学真理，并坚持以此作为自身的理论指导。也正因为中国共产党凭借着马克思主义科学真理，能对社会发展规律具有很强的洞察力，才具有着其他政党所不能具有的优势与长处，彰

① 中共中央关于党的百年奋斗重大成就和历史经验的决议．北京：人民出版社，2021：66.

显了其先进性。当然，“马克思主义理论不是教条而是行动指南，必须随着实践发展而发展，必须中国化才能落地生根、本土化才能深入人心”①。如何发展马克思主义？这也是中国共产党先进性的另一个层面。一个马克思主义政党只有站得高、看得远，只有坚持社会发展规律，并以时代发展为现实依据，才能具备对科学理论的发展能力。恩格斯说：“马克思的整个世界观不是教义，而是方法。它提供的不是现成的教条，而是进一步研究的出发点和**供**这种研究**使用**的方法。”② 中国共产党从中国实际出发，将马克思主义中国化，形成了毛泽东思想、邓小平理论、“三个代表”重要思想、科学发展观和新时代中国特色社会主义思想，既开拓了马克思主义科学理论新的境界，同时也彰显了马克思主义科学理论的生命力。“当代中国的伟大社会变革，不是简单延续我国历史文化的母版，不是简单套用马克思主义经典作家设想的模板，不是其他国家社会主义实践的再版，也不是国外现代化发展的翻版。只要我们勇于结合新的实践不断推进理论创新、善于用新的理论指导新的实践，就一定能够让马克思主义在中国大地上展现出更强大、更有说服力的真理力量。”③ 纵观党的百年发展历史，一方面，中国共产党不仅以马克思主义科学理论为指导，而且也很好地坚持与发展了马克思主义科学理论；另一方面，中国共产党不仅发展了马克思主义，而且这些新的科学理论能够更好地回答中国问题与解决中国问题。

任何伟大的事业都要面临历史考验，都必须要回答与解决时代所带来的问题，马克思说：“人们自己创造自己的历史，但是他们并不是随心所欲地创造，并不是在他们自己选定的条件下创造，而是在直接碰到的、既定的、从过去承继下来的条件下创造。”④ 一方面，说明了历史的现实情况是人们改造世界、创新理论的依据；另一方面，任何科学真

---

① 中共中央关于党的百年奋斗重大成就和历史经验的决议．北京：人民出版社，2021：66.

② 马克思恩格斯选集：第4卷．3版．北京：人民出版社，2012：664.

③ 同①67.

④ 马克思恩格斯文集：第2卷．北京：人民出版社，2009：470－471.

理都必须要在探索中回答并解决时代之问。理论指导实践，但也必须要回到实践。中国共产党的先进性还必须要在实践中加以验证，在实践中创新，在实践中锐意进取，“创新是一个国家、一个民族发展进步的不竭动力。越是伟大的事业，越充满艰难险阻，越需要艰苦奋斗，越需要开拓创新”①。从历史动态而言，新民主主义革命时期，坚持马克思主义科学真理，摒弃教条主义、从中国革命现实情况出发，开拓了农村包围城市的革命路线，为中国革命指明了道路。同样，在社会主义革命时期，初步建构了社会主义制度的基本框架，为中国进入社会主义明确了方向。改革开放时期，中国共产党开拓创新，坚持马克思主义科学真理，提出社会主义初级阶段、“三个代表”、科学发展观等一系列独创式理论，开创了中国特色社会主义道路。进入新时代，中国共产党从新时代新矛盾出发，创立了新时代中国特色社会主义道路，着力解决改革中的深层次问题，勇探改革深水区、敢啃改革硬骨头，提出了“中华民族伟大复兴的中国梦”“四个全面”“五位一体”的新发展理念，人们以更加自信的姿态追求中华民族伟大复兴的中国梦。这些足以表明了中国共产党的百年历史是开拓创新、锐意进取的百年历史，回答并解决了“怎样建设社会主义国家与建立怎样的社会主义国家”“怎样巩固与发展社会主义国家”“怎样强大社会主义国家”的时代之问。正是因为中国共产党有了开拓创新精神，才有了中国共产党的伟大实践能力，才真正彰显了中国共产党的政党先进性。

保持中国共产党的纯洁性也是百年来中国共产党所取得的伟大成功经验，其集中体现在思想、组织以及作风等诸多方面。而为了保持思想、组织以及作风方面的纯洁性，百年来中国共产党一直坚持“自我革命”。“勇于自我革命是中国共产党区别于其他政党的显著标志。自我革命精神是党永葆青春活力的强大支撑。”② 自我革命主要是从主体自身由内而外的一种革命自觉性、自发性以及自动性的革命行动。中国共产

① 中共中央关于党的百年奋斗重大成就和历史经验的决议．北京：人民出版社，2021：69.

② 同①70.

党将自我革命作为自我提升的重要法宝，通过不断地审视自我、反省自我、完善自我，以此来解决自身存在的问题，克服自身存在的缺点，从而实现自我提升。“先进的马克思主义政党不是天生的，而是在不断自我革命中淬炼而成的。党历经百年沧桑更加充满活力，其奥秘就在于始终坚持真理、修正错误。”① 作为典型的革命型政党，中国共产党在自我革命过程中，始终保持了马克思主义政党的底色，坚守了党性原则，敢于正视自身错误，不回避问题。在革命时代中国共产党成功纠正了右倾机会主义与“左”倾冒险主义错误，使中国共产党在中国革命道路上日趋成熟，并最终取得胜利。“文化大革命”结束后，在党和国家重大选择的历史关头，中国共产党开展了关于真理问题大讨论，重新使实事求是回到了党的思想路线中来。在整个改革开放过程中，我们党坚持马克思主义理论进行自我革命，先后进行了“三讲”教育、保持共产党员先进性教育、学习实践科学发展观等活动。党的十八大后，习近平总书记要求全党以自我革命的勇气，敢于自我挑战，解决自身问题。在自我革命过程中，坚持党的领导与从严治党相统一、坚持问题导向与目标导向相统一、坚持“关键少数”与“绝大多数”相统一、坚持思想建党与制度建党相统一。这样从思想上、制度上、组织上形成了一套完备的自我革命体系，消除了党内隐患，增强了党的凝聚力、战斗力，也增强了党的革命性，为党和国家的伟大事业提供了强有力的政治保障。

五、成功经验与未来发展的历史延续

回顾历史成功并不是沉醉于过去的辉煌，而是为了更好地总结过去、把握现在与开辟未来。总结经验不仅是为了证明中国共产党百年来的正确领导，更为重要的是延续这样的领导能力，通过正确地把握历史发展规律，从而增强对历史未来发展的自信，并在新的时代中能够继承

---

① 中共中央关于党的百年奋斗重大成就和历史经验的决议．北京：人民出版社，2021：70.

掌握历史发展的主动性。《决议》中“十个坚持”全面而系统地分析了我们党百年来奋斗的成功历史经验，当然，“十个坚持”彼此之间不是孤立的，而是紧密联系在一起的。既有前提性的建构，也有基础性的根基，既有在历史面前积极可为的主动性，也有保持自身先进性与纯洁性的具体实践。就前提性而言，百年成功是因为中国历史发展选择了中国共产党，中国共产党凭借其坚定的政治信念与强大的政治领导能力成为中国革命和建设的领导主体。就基础性而言，党的领导也必须要得到广大人民群众和社会各阶层支持才能实现，因此中国共产党从一开始就坚持人民至上与坚持统一战线，这样就解决了力量源泉问题。就主动性而言，充分说明了中国共产党能够把握历史规律，将社会历史变革的主动权牢牢掌握在自己的手中。就先进性与纯洁性而言，说明中国共产党既能站在历史前沿，在历史发展进程中始终保持引领，也能保持初心，保持革命底色不变。因此，对“十个坚持”进行归类，也充分说明这是一个紧密联系的整体，从这一缜密的完整体系中我们能看到双重主体的建构，解决了中国共产党领导主体与人民依靠主体之间领导与被领导、支持与被支持的关系，也能见到主体积极实践的能动性，体现了历史担当的主动性与自身提升主动性的统一。同时，精辟地阐释了中国共产党与人民群众、理论创新与道路实践、社会变革与自身革命以及中国与世界等一系列重大理论问题与实践问题，集中体现了中国共产党实现中华民族伟大复兴的政治信念。因此，“十大坚持”无论是在历史层面、实践层面还是在理论层面都具有很强的逻辑性。从历史的延续而言，“十大坚持”既是对成功历史经验的总结，也是对未来历史发展的展望；既是对过去成功历史经验进行系统性分析，凝练成功经验，也是将成功经验指向未来，对历史未来发展起到指引作用。

访　谈

做大做强经济伦理学学科

——王小锡教授访谈录

王小锡　张　霄*

摘　要： 2022 年 9 月，国务院学位委员会、教育部印发了《研究生教育学科专业目录（2022 年）》，在哲学门类中新增了一个专业学位类别：应用伦理，代码 0151。这是我国自 1991 年开始实行专业学位教育以来，哲学门类中首个设立的专业学位类别。为推动应用伦理新专业的发展，中国人民大学伦理学与道德建设研究中心在“访谈”栏目中专门设立了应用伦理研究与专业建设系列专访，邀请各应用伦理研究领域知名专家讲历史、说问题、提建议，为各专业领域做学术画像。本期访谈嘉宾是王小锡教授。他立足经济伦理学 30 多年发展历史，结合自身长年研究经验，就经济伦理学的研究主题、专业特色、学科内涵做了充分的阐释，对进一步做大做强经济伦理学学科提出了富有前瞻性的思路和建议。

关键词： 应用伦理　经济伦理学　道德资本

王小锡教授是我国较早研究经济伦理学的一位学者，其研究成果具有自己的独特风格和学术话语，在国内乃至国际产生了一定的学术影

* 王小锡，南京师范大学马克思主义学院教授，中国伦理学会经济伦理学专业委员会会长；张霄，中国人民大学哲学院副院长、教授、博士生导师，中国人民大学伦理学与道德建设研究中心副主任、研究员。

响。近期，笔者专程采访了王小锡教授，他就改革开放以来的经济伦理学的发展和未来展望谈了自己的观点，最后还对我国伦理学学科发展前景和学科建设提出了建议。

（一）您从事经济伦理学研究有多久了？在您数十年如一日的经济伦理学研究过程中，您对经济伦理学研究最深的理解是什么？

我从事经济伦理学研究已经有30多年，在这期间，我撰写出版了多部经济伦理学著作和系列学术研究论文。在研究过程中，我对经济伦理学最深的理解有以下几点。一是经济伦理学是研究人们在社会经济活动中完善人生和协调各种利益关系的基本规律以及明确善恶价值取向及其应该不应该之规定的一门学问。具体来说，经济伦理学应该从哲学高度审视社会经济行为的规律及其伦理性；从实践活动入手，揭示伦理道德与经济活动的耦合点、动力点和目标与理想的一致点；从对人类经济活动主体结构的把握上，探讨人类经济伦理观念及其基本规范样式，揭示人的经济活动的出发点、基本目的，以及人的经济伦理情感和伦理观念的形成过程及其规律。二是经济伦理学是一门实践哲学（或称应用哲学）、实践伦理学（或称应用伦理学）。因为有用，所以它有存在的价值。因为它在经济领域的实践性和应用性，在一定意义上它是伦理学乃至哲学社会科学生存和发展的重要依据与意义之所在。为此，经济伦理学是伦理学乃至哲学社会科学重要支撑领域或重要支撑学科。三是经济伦理学在一定意义上也是伦理经济学，因此，它是当今的经济学必须补上的重要理论板块。否则，经济学一定是有“短板”的经济学，甚至，有可能因没有伦理学视阈而不能真正懂得经济学，导致经济学扭曲成为庸俗的经济学。这最终将影响经济建设的发展。

（二）回顾中国经济伦理学近40年来的发展，您认为具有重大学科意义的事件有哪些？您能对经济伦理学这40年的发展归纳总结一些有规律性的观点吗？

我国经济伦理学近40年的发展，要说具有重大学科意义的事件，我看至少以下几点对经济伦理学学科发展有着不可或缺的作用。一是全国创建了诸多学术研究平台。诸如中国人民大学伦理学与道德建设研究中心 2000 年就成立了挂靠在南京师范大学的经济伦理学研究所，中南财经政法大学也更早一些成立了经济伦理学研究所，而后上海市社会科学院、中南大学等单位都相继成立了类似研究机构。二是中国伦理学会 2010 年在南京师范大学成立了经济伦理学专业委员会。当时，中国伦理学会审核同意的专业委员会成立章程上说明，中国伦理学会经济伦理学专业委员会简称“中国经济伦理学会”，后根据相关文件规定，统一全称“中国伦理学会经济伦理学专业委员会”。至今已经两届全国经济伦理学大会选举，我连续两届被中国伦理学会聘为中国伦理学会经济伦理学专业委员会会长。三是原则上每年举办一次全国经济伦理学学术研讨会。有时候一年举办两次会议，2022 年因疫情，全国性经济伦理学学术研讨会举办时间不能固定，今后至少一年举办一次，线下举办不了可以线上召开。四是国际交流成效显著。一方面，上海市社会科学院、南京师范大学等单位举办过国际学术研讨会，尤其是上海市社会科学院，已经多次举办经济伦理学国际学术研讨会，且每次邀请诸多国际知名学者参加，南京师范大学还与英国同行在英国伦敦联合举办经济伦理学国际学术研讨会，均产生了重要的国际学术影响。同时，我国也不断有诸多学者到国外参加经济伦理学国际学术研讨会。另一方面，我国学者翻译了诸多外国学者的经济伦理学著作，或合作出版了一些经济伦理学著作，亦有我国学者的经济伦理学相关著作被翻译成多种外文在海外出版。五是经申报先后获批了与经济伦理学相关的重大、重点或一般国家社科基金项目。六是从 2000 年开始，以中国人民大学伦理学与道德建设研究中心经济伦理学研究所和南京师范大学经济伦理学研究所为合作平台，编撰了《中国经济伦理学年鉴》。特别要提到的事件是，中共中央办公厅、国务院办公厅印发了《关于加强科技伦理治理的意见》，成为我国科技伦理治理乃至应用伦理实践的一个重要标志性事件。

经济伦理学这 40 年的发展，有一些规律可循。一是改革开放的逐步深入、社会主义市场经济的快速完善发展，为经济伦理学学科发展提供了重要的实践依据和发展平台。经济的快速发展，既让人们看到了伦理道德的不可或缺的作用，又让人们深知不断解决伦理道德问题的重要性和迫切性，由此必然提升伦理学学科的理论和实践地位。所以经济伦理学是随着经济实践的发展而发展的。二是经济伦理学的发展不能忽视甚至脱离思想史资源。今天的经济伦理学作为应用伦理学之显学屹立于哲学社会科学之林，在根本上是因为我们坚持以马克思主义为指导，创立和发展历史唯物主义的经济伦理观，同时，我们重视承继中华优秀传统经济伦理思想，也注意吸收国外合理的经济伦理观念，使得我们的社会主义经济伦理学不断合理和完善。三是人们在对美好生活的向往和追求过程中，客观上推动了社会主义道德建设的不断发展。人们在生活中会不断深入地认识到，美好生活离不开良好的精神追求，离不开道德境界的不断提升和道德实践的不断深入。四是经济伦理学学科建设是一项系统工程，既要有“顶天立地”的学术风格，也要有集体公关和合作意识。这一点，全国同行之间有很高的境界，在教材编写、课题合作、会议深入探讨等方面都取得了重要的成果。

（三）作为应用伦理专业的重要方向，您认为经济伦理学有哪些重要的发展方向?

在学科建设上，经济伦理学有以下重要发展方向。一是经济伦理学原理体系的研究和完善。唯有形成系统、成熟的理论体系，作为学科的经济伦理学才有科学的理论体系支撑。二是经济伦理学的实践应用和发展。作为一门新兴的应用型学科，其生命力必须在实践应用中体现出来。在实践应用中发挥作用，是经济伦理学存在和发展的最基本理由。三是经济伦理学对其他相关学科发展的影响与推动。经济伦理学是伦理学学科的一个分支，它的完善和发展能够反哺伦理学学科的发展与进步，能够促进伦理经济学乃至经济学理论的完善和学科的发展。四是经济伦理学在推进企业文化建设和企业经营发展中的不可替代作用的实践研究。

（四）您认为应用伦理专业在今天的前景如何？您能结合经济伦理谈一谈吗？

我是“致用伦理学”的竭力推崇者，曾经梦想创建“随园致用伦理学学派”，因此，我一直关注我国应用伦理学的发展，也力图带领学术团队在应用伦理学的学科建设上有所作为。我们南京师范大学的学科团队在经济伦理、政治伦理、乡村伦理、生态伦理、灾害伦理等方面力图拿出有特色的研究成果，在学界也产生了一定的影响。

应用伦理学在今天遇到了前所未有的发展机遇。一是国家已经把应用伦理学作为经济社会发展不可或缺的理念和手段应用到相关领域中去，其正在发挥和体现出独特的不可替代的作用。如前面提到的，中共中央办公厅、国务院办公厅印发了《关于加强科技伦理治理的意见》，这是国家重视应用伦理、发展应用伦理的重要机遇。二是经济社会发展十分需要应用伦理学发挥专业作用。若干年以来，我国的经济社会发展多少遇到了软实力不相配套的境况，人们在诸多经验和教训面前已经充分认识到，伦理道德是提升软实力的基础和核心要素。改革开放以来，我国经济发展的速度和成就举世瞩目，但以道德觉悟为重要内容的软实力，还适应不了经济发展的形势要求，一些不负责任的经济行为，尤其是一些损害国家利益、集体利益和他人利益的行为时有发生，亟待我们的理论研究和伦理道德实践能够与经济发展同步，亟须伦理道德成为经济发展的基本要素和手段。同样，社会发展是一个有机整体，社会实践各个领域，都需要伦理道德作为不可或缺的要素。三是应用伦理学的社会认同度在逐步加强。医学伦理、生物伦理、环境伦理、企业经营伦理等已经被广泛应用于实践活动中，这是十分可喜的应用伦理学发展前景。

（五）经济伦理发展的当前现状是怎样的？存在哪些问题？您觉得这些问题应如何解决？

经济伦理从理论研究到实践，应该如上面所说到的，发展很快，成效显著，也因此可以说，经济伦理或经济伦理学以自己的发展成就奠定了在学科建设和实践应用中的影响与地位。但是，问题还是比较明显的。一是我们的理论研究还需进一步深入、系统，真正科学地说明，理解经济不能没有伦理道德视角、发展经济不能没有伦理道德要素和手段。二是经济伦理的普及率不高，需要我们通过研究和宣传，让人们真正认识经济伦理、认识经济伦理的功能和作用，真正懂得如何使经济伦理成为经济发展的必要要素和重要手段。三是经济伦理作为经济发展的必要要素和重要手段，尚缺乏将之衔接到经济社会发展进程中的技术手段，这就需要通过研究和实验，拿出一整套可行的操作方案。四是经济伦理制度化还没有形成常态，这就需要在制度建设上发挥人的主观能动性，使得科学的经济伦理观成为制度建设的重要依据和依托。五是在经济建设中，违背伦理道德要求的人和事时有发生，这对经济社会发展的负面影响很大，因此，在理论研究和宣传的同时，需要严厉遏制不道德的经济行为，整风气，树正气。

（六）您在经济伦理研究过程中，提出了很多创造性概念，如道德生产力和道德资本。您能大致介绍下这两个概念吗？

我在经济伦理研究中，提出了两个影响比较大的原创性概念：一是“道德生产力”概念，二是“道德资本”概念。

围绕道德生产力概念，我先后写了 4 篇文章，我的核心观点是，物质的生产力是依靠精神生产力才得以成立或形成的。否则，没有人的作为“主观生产力”及其观念导向，生产力将是“死的生产力”，不能成为“劳动的社会生产力”。正如马克思曾经强调的，“人本身单纯作为劳动力的存在来看，也是自然对象，是物，不过是活的有意识的物，而劳动本身则是这种力的物质表现”①。这就是说，可以作为物的生产力的物如果不渗透进精神的因素就不能成为社会劳动生产力，只是一种物的存在而已。所以劳动资料和劳动对象离开了人和人的精神（意识）支

① 马克思恩格斯全集：第 23 卷．北京：人民出版社，1972：228－229.

配，就不能进入生产过程并成为生产力要素。换句话说，生产力的形成，意味着如马克思所提到的“精神生产力”即“一般生产力”要素的存在并发挥作用，生产力其实是物质生产力和精神生产力的统一体。进而言之，既然理解生产力离不开精神生产力，那作为人之精神的基础和核心要素的道德，也是精神生产力的基础和核心要素，故道德也是生产力。我在提出道德生产力概念以后，还指出，因为道德也是生产力，所以，生产力水平可以从静态角度分析，也应该从动态角度分析，这也为生态伦理和生态文明建设提供了重要的理论依据。这在我的已经发表的文章中进行了较为深入的阐释。

围绕道德资本概念，我先后写了 11 篇文章，我的核心观点是，资本是经济学范畴，在资本主义条件下，资本是能带来剩余价值的价值，而在社会主义条件下，由于其经济制度决定了资本是能带来利润的体现为实物和思想观念的价值。由此可见，在现时代，资本是一种力，是一种能够投入生产并增进社会财富的能力。科学的伦理道德就其功能来说，不仅要求人们不断地完善自身，而且要求人们珍惜和完善相互之间的生存关系，以理性生存样式不断创造和完善人类的生存条件与环境，推动社会的不断进步。这种功能应用到生产领域，必然会因人的素质尤其是道德水平的提高，而形成一种不断进取的精神和人际间和谐协作的合力，并因此促使有形资产最大限度地发挥作用和产生效益，促进劳动生产率的提高。因此，道德也是资本。当然要指出的是，道德在生产过程中成为资本，它一定是科学的道德。有人认为，在马克思那里，资本的本质不是物，而是生产关系，资本的每一个毛孔都是肮脏的，在马克思的意义上，道德与资本的联姻不可想象。如果把社会主义道德或趋善意义上的道德与马克思意义上的资本联姻，的确不可想象，但现在的问题是，道德资本概念并不是简单地把道德与资本联姻，更何况，道德资本之资本在我发表的文章中已经说明不是马克思意义上的资本。我曾经在一篇文章中论述过，这里所说的道德资本概念中的“资本”并非马克思使用和论述的经典资本概念，而是资本一般视阈下的范畴。社会道德能够以其特有的引导、规范、制约和协调功能作用于生产过程，促进经济价值增值。因此，从资本一般概念出发，道德作为影响价值形成与增值的精神因素具有资本属性。换言之，道德资本是体现生产要素资本的概念，是广义资本观下的资本概念。它不同于马克思政治经济学中作为反映或批判资本主义社会制度和经济关系的分析工具的资本概念。在马克思看来，资本不是物，资本是带来剩余价值的价值；资本是经济范畴，更是经济关系范畴，它体现了资产阶级和工人阶级之间的资本剥削雇佣劳动的关系。而道德资本则是把道德视为一种有价值的生产性资源，以此来分析道德在经济价值增值过程中特殊的功能和作用，这是道德资本概念与马克思资本概念的区别，也是理解道德资本的理论空间和逻辑边界的起点。事实上，社会主义条件下的资本在投入生产过程中，应该而且必须讲道德，唯此才能最大限度地实现资本的效益。所以，有人担心"道德资本"与资本的本性是否有冲突是没有必要的，因为，就马克思意义上的"资本"来说，道德资本与之有本质的区别；就资本一般之资本来说，道德资本与之是相通并一致的。

为了说明道德也是资本，说明社会主义道德与社会主义条件下的资本是一致的、相辅相成的、可以通融的，我提出了一些似乎颠覆人们认知的观点。一方面，资本的本性与道德力量不仅不相抵触，而且互为支撑。资本投入生产过程就是为了获取更多的利润，而要实现利润增加，资本要紧随生产过程不断地运动，即要有生产产品过程、销售行为过程、与利益相关者的利益分配和协调过程等。然而，这些获利的必经过程顺畅与否，与讲不讲道德之关系十分密切。另一方面，道德的目的与资本的目的一致。在经济领域，道德的目的一定是实现更多更好的利益，促进经济的发展，否则，在经济领域谈道德就没有意义，而事实上，经济和经济建设是无法离开道德来认识与推动的。说实话，资本的目的和道德的目的不仅一致，而且互为存在。道德促进资本存量的增加，资本运动一定会不断提升人的综合素质。再有，道德价值与资本理性目标一致。作为精神资本的道德，它不是为道德而道德，它其实也是为帮助获取更多利润而存在于生产过程中。而且，在生产过程中，道德本身也是直接影响产品质量及后来销售速度和市场占有率的重要因素。

所以，在经济领域，道德的价值始终体现在资本目的的实现过程中，否则，道德就没有在经济活动中存在的理由。同时，社会主义条件下尽管多种经济成分并存，但公有制是主体。这就决定了资本投资一定要符合社会主义制度理念和经济要求并不断趋于理性。所以说，道德价值与资本理性是一致的。

习近平总书记在 2022 年 4 月 29 日中央政治局集体学习时指出，资本是社会主义市场经济的重要生产要素。同时指出，必须深化对新的时代条件下我国各类资本及其作用的认识，规范和引导资本健康发展，发挥其作为重要生产要素的积极作用。习近平总书记还强调，要加强新的时代条件下资本理论研究。在社会主义制度下如何规范和引导资本健康发展，这是新时代马克思主义政治经济学必须研究解决的重大理论和实践问题。我想，对道德资本和道德生产力理论的探讨应该而且可以为社会主义资本理论研究提出独特的不可替代的学科见解。

（七）当前，面对资本的无序扩张，有一种限制资本发展的声音。您提出的道德资本概念能解释这一问题吗？

面对资本的无序扩张，我们的社会主义制度决定了必须遏制资本的无序扩张，促使社会主义市场经济有序、高效发展。首先要说明的是，从历史上看，资本概念从一开始就是同生产活动紧密联系的。随着人类生产活动的发展，现代资本逐步涵盖了人力资本、社会资本、文化资本和道德资本等新内容，因此，道德资本是生产活动发展的产物。所以，从社会发展的宏观意义来看，说道德是一种资本，并不是要从道德上去美化资本，甚或使道德沦为资本增殖、资本无序扩张的伪善工具，而是强调道德可以而且应该为获得更多利润和效益发挥其独特的作用。事实上，作为道德资本的道德一方面能够充当资本的理性赢利手段，另一方面却是对资本做“内在批判”。资本的本性是追逐剩余价值或更多利润，这是事实。然而，在社会主义制度下，一方面，资本总是试图把可能的一切当作赚取剩余价值或更多利润的服务工具；另一方面，资本虽然在以独特的方式“利用”着资源、知识、文化和道德等，但也在客观上在获取剩余价值或更多利润的同时塑造着人本身。这些被提升了的人类理性水平和精神力量反过来又会内在地成为约束资本负面效应的力量，也即对资本做“内在批判”。在这方面，道德资本的价值目的性较他类资本形态更为突出。道德不仅能够以自身的工具理性为资本服务，也可以在资本内部以自身的价值理性约束资本本身，以避免资本本性的非理性膨胀和“资本逻辑”的无序扩张。当然，要发挥道德资本的双重功能，就必须在资本运行过程中把道德从自在的状态转变为自为状态，这就需要在现实的经济活动中理性运作道德资本。具体而言，就是要在市场经济条件下把企业的经营管理活动和道德实践有机地结合起来，形成企业特有的伦理文化与核心竞争力。因此，道德资本是遏制资本无序扩张的重要因素和条件。

（八）您是“马工程”的首席专家，也论述过马克思的经济伦理思想。您能谈谈马克思主义与经济伦理的关系吗？如果我们可以提出马克思主义经济伦理这样的学术概念，您认为这一概念最核心的特质是什么？

我作为“马工程”的首席专家，进行过经典作家道德观的研究，参与过“马工程”重点教材《伦理学》的编写工作，其间受益匪浅。我专门研究过《资本论》等经典著作的经济伦理思想，我认为马克思主义体系中有丰富的经济伦理思想，这是我们研究经济伦理学理论体系和经济伦理思想发展史的指导思想、思想资源和理论依据。马克思主义经济伦理思想在马克思主义经典作家的著作中客观存在，且思想内涵十分丰富，在马克思主义中国化进程中，马克思主义经济伦理思想又被赋予了时代的内涵和印记。我们应该充分认识和深刻理解马克思主义经济伦理概念，这一概念最核心的特质是强调经济是人的经济，是人际关系经济，在不同的社会制度下，作为经济主体的人与人之间、利益团体之间关系也有着本质的区别，因此，马克思主义经济伦理观是马克思主义唯物史观在经济和伦理生活领域的精神体现。

（九）您是国家社科基金重大项目“中国经济伦理思想通史研究”的首席专家，您主持这个重大项目的初衷是什么？您认为中国传统经济伦理思想的核心要义和主要特点是什么？

我作为首席专家主持国家社科基金重大项目“中国经济伦理思想通史研究”，其初衷是通过对中国经济伦理思想通史的研究，力图全面展示中华文化独特瑰宝的尊荣和魅力；梳理和挖掘中国经济伦理思想的历时性和共时性相统一的完整体系；揭示三千年中国经济伦理思想发展历程及其基本规律；以科学的理念给哲学、经济学、伦理学、经济伦理学等学科建设和经济建设以独特的启迪；用历时与共时兼容、传统与现代交融的客观、科学的中国话语的研究成就体现中国风格和中国精神；等等。

中国传统经济伦理思想的核心要义，也是贯穿经济伦理思想发展全过程的主线应该是义利关系观、理欲关系观、奢俭关系观等。

中国传统经济伦理思想的基本特点是以人性论为根基、以德性主义为基调、德性主义与功利主义共生共存等。

这里要强调的一点是，通过研究中国经济伦理思想通史，客观上积累了一些经验，也掌握了更完善的研究方法，对一些研究中的重点和难点问题的处理有了较为合理的手段，因此，这客观上为系统、深入研究马克思主义经济伦理思想发展通史和西方经济理论思想发展通史提供了有借鉴意义的学术路数。

（十）您认为经济伦理研究和人们在现实生活中开展的经济伦理实践有不一致的地方吗？这里的不一致主要指，经济伦理研究脱离现实的经济伦理生活，不能指导经济伦理实践。还有就是，很多现实的经济伦理问题并未受到经济伦理研究的恰当关注，使经济伦理研究滞后于经济伦理实践。

就我国目前情况来看，除了在解释和解决现实经济建设与经济发展问题中做出了一些努力，并取得了一些显目的成果，我国的经济伦理研究在很大程度上还是书斋式的，就理论到理论的研究成果不少，但在宏观或微观角度系统解释和解决现实经济建设与经济发展问题上没有充分展示学科的特色和功能。换句话说，我们研究经济伦理问题的针对性和系统性不够，尤其是没有将研究建立在广泛的社会调查研究基础上，很多现实的经济伦理问题并未受到经济伦理研究的恰当关注，所以，理论研究和现实问题的解决有脱节现象，以研究成果指导经济伦理实践就显得比较苍白，甚至可以说，经济伦理被充分认识和切实应用还处在启蒙或初创阶段。

（十一）您的著作被译成多国文字在海外出版，您的观点在海外产生了一定的影响。您能谈谈中外经济伦理思想研究的一些共同点和差异吗？

我的《中国传统经济伦理思想》一书被翻译成韩文出版，《道德资本研究》一书作为经江苏省哲学社会科学规划领导小组评审批准的首批外译著作立项翻译出版，现已译成英文、日文、塞尔维亚文等在海外出版发行。《道德资本研究》（英文版）获第十四届输出版优秀图书，《道德资本研究》（塞尔维亚文版）获第十六届输出版优秀图书，《道德资本研究》（英文版）获版权输出奖励。近年英文版、德文版和泰文版《道德资本论》也在海外出版发行。《道德资本论》（第二版）也已经被翻译成俄文在俄罗斯出版。

就我通过国际学术交流和阅读国外学者的研究成果来看，我是这样理解中外经济伦理思想研究的共同点和差异的。就共同点来说，一是中外学者都试图在理论上说明经济和伦理是逻辑地联系在一起的，经济伦理就是经济现象的一个部分、一种内涵。二是中外学者的经济伦理研究都面向应用、面向企业，为企业把脉，为企业发展提供决策依据和行动方案。三是中外学者都力图寻求企业经营和发展的诸如诚信、公平、合作等共同价值观。四是中外学者都努力研究企业家精神及其对企业发展的影响，等等。就差异来说，一是我国学者研究经济伦理坚持以历史唯物主义为指导，研究和阐释国内外经济伦理问题离不开对社会制度和社会运行机制的分析与把握，国外学者总是试图寻找经济伦理和企业道德的统一理念，忽视了不同社会制度和社会运行机制的本质区别。二是我国学者立足于“顶天立地”的研究风格，客观上也凸显了经济伦理研究的中国风格，我的《道德资本研究》被翻译成多种语言在海外出版，被国外理论界和诸多企业接受，“中国风格”是重要原因之一。而国外学者更乐意抓住某一企业和某一问题解剖麻雀，进而为企业提供破解问题的策略和手段，更注重操作性。三是在研究经济伦理实践问题上，若干年来我国学者专注于企业经营的一般道德问题，对不同企业类型的经营道德问题深入研究不够，针对性不强，故经济伦理的影响力不够。前面提到国外学者注重直接有用，因此，有的成果深受企业青睐。

（十二）您作为我国伦理学界有影响的知名学者，是否可以谈谈我国伦理学的发展前景并提出您的伦理学学科建设建议？

我国伦理学经过老中青三代人的努力，已经从无到有、从小到大、从弱到强，以显学姿态屹立于我国哲学社会科学殿堂。就目前情况来看，伦理学的发展前景很美好，一是在伦理学理论体系上会越来越完善，我预想，我国会创立世界独一无二的包括元伦理、个体伦理、集体伦理、美德伦理、应用伦理等逻辑地融为一体的大伦理学理论体系。二是伦理学在经济社会发展和生活质量提升等方面将不断加强其特有的渗透力，伦理学的应用性、实践性将越来越明显，伦理学将成为经济社会发展和生活质量提升等方面的不可或缺的要素，由此，伦理学的学科地位和社会地位将进一步提升。三是伦理学的国际交流日益频繁，这将大大促进我国伦理学兼容并蓄的同时更好地走向国际、影响国际，讲好中国故事，展示中国风格。

我曾经撰文，对我国伦理学学科发展提出一些建议，在这里再重复讲几点。一是要坚持以马克思主义为指导，结合我国新时代的实际情况，兼容并蓄地承继中华优秀传统伦理精华、吸收外国合理的伦理观念。在当前，尤其需要认真地、系统地读懂弄通马克思主义经典著作和习近平新时代中国特色社会主义思想，并紧密结合我国经济社会发展的现实，理论联系实际地展开学术研究和理论阐释，以学术创新的姿态推动伦理学学科的快速发展。事实上，唯此才能真正创建具有中国特色的社会主义伦理学。二是要进一步抓好“顶天”和“立地”之两头，衔接好“顶天”和“立地”之逻辑关系，以免造成理论没有根据、现实没能升华的局面。尤其要面向社会，走进社会，广泛开展社会调查研究工作，切实了解和认识现实社会问题，用伦理学学科视角及其理论分析方法真正解释和解决现实社会问题，并及时地、科学地发声，以独特的学科力量，为社会的和谐发展、高质量发展做出应有的贡献。三是要净化学术风气，让学术回归学术。要避免仅在书斋里的闭门造车式地做学术、形而上学地做学术，避免没有交流与合作的所谓学术，避免脱离实际的空调学术，更要避免东拉西扯、生搬硬套、移花接木式的“幼稚学术”等。唯有让学术回归学术，伦理学研究才有创新成果，伦理学才可以不断彰显实力并雄踞哲学学科乃至社会科学之林。四是要进一步加强道路自信、理论自信、制度自信、文化自信，有底气地打造具有中国精神、中国风格和中国气派的伦理学。可以说，没有这“四信”，就很难树立我们的道德自信乃至伦理学学科自信，而没有道德自信乃至伦理学学科自信，也就无法打造和展示伦理学的中国精神、中国风格和中国气派。所以，唯有坚持“四信”才有学术动力，才能实现我们的学科建设预期目标。

述　史

重思历史与阶级意识的关系

——以《德意志意识形态》为中心

魏　博*

摘　要： 卢卡奇从历史哲学的角度论证了无产阶级的生存境遇将迫使自己从总体上把握资本主义生产体系的本质，从而破除物化意识的意识形态而进行革命实践。卢卡奇的论述突出了无产阶级的能动性和革命性，但在批评的观点看来，他的论述是一种唯心主义的历史哲学，“劳动—解放”分析框架已经随着社会历史条件的改变而过时了。卢卡奇的观点具有一定的积极性，但是不能停留于某种历史哲学框架来阐述无产阶级意识的作用，而是需要重塑“劳动—解放”框架发挥作用的物质前提，《德意志意识形态》对于阶级斗争和生产实践的论述为重塑“劳动—解放”框架提供了空间。无产阶级意识不仅要求无产阶级从否定的方面反对资本主义生产体系，还要求无产阶级从肯定的方面推动和占有发达的生产力与普遍交往带来的力量。如此，无产阶级才能有意识地利用世界历史性的共同活动中的内部矛盾，向自由人的联合体发展。

关键词： 物化　阶级意识　历史

自《历史与阶级意识》面世以来，历史与阶级意识的关系一直是马克思主义研究中的重要问题。卢卡奇将阶级意识视为推动历史变革的决

* 魏博，中国人民大学哲学院讲师。

定性因素，将工人阶级革命失败的原因归结为无产阶级意识的缺乏。卢卡奇的思路广泛地影响了西方马克思主义对历史与阶级意识关系的判断。如果无产阶级革命的结果取决于无产阶级意识的觉醒，那么也就意味着，若资本主义生产体系能够抑制住无产阶级意识的形成，则无产阶级革命永远不会成功。那么，如何正确地把握历史与阶级意识的关系就成了需要重新被考察的理论问题。依据《德意志意识形态》的思想资源，我们可能找到一个新的回答。为此，本文拟先分析卢卡奇"物化意识"命题的局限性；然后，重构《德意志意识形态》中阶级与阶级意识的形成条件；最后，说明自觉的无产阶级并非任何时候都可以推动变革历史的实践，它必须与一定的物质条件相结合。

一、卢卡奇"物化意识"命题的困境

《资本论》将资本主义社会的商品形式把握为人与人之间的社会关系被物与物之间的虚幻关系掩盖。受此启发，卢卡奇在《物化和无产阶级意识》中从客观和主观两个方面分析了"物化现象"：在客观方面，主体的劳动产品成了不依赖于主体的自立的客体，它是反过来控制劳动主体的物；在主观方面，主体的劳动本身也成为不依赖于主体的商品，受市场规律所支配。（卢卡奇，1999：150－151）这种物化现象并不是任何社会都存在的普遍现象，而是资本主义社会所特有的现象，它是资本主义的社会分工不断发展和合理化的结果。在合理化的过程中，具体劳动内含的有机环节被割裂为一系列可被简单重复的局部操作，从而可以在社会的、平均的意义上用时间的量化尺度来衡量这些碎片化的操作。具体劳动的分解也会使得劳动者的劳动心理被分解，他意识到自己是可以被生产体系衡量和计算的零件与工具，他的内在人格越来越依赖于外部的合理性体系。（卢卡奇，1999：153－155）反过来说，社会劳动分工的合理化过程也是可计算性逐渐内化为劳动者行动原则的过程，即追求"工具理性"的过程。

在卢卡奇看来，由物化结构所产生的、屈从合理化并将其视为自然规律的意识就是物化意识："在物化的意识看来，这种可计算性形式必然成为这种商品性质真正直接性的表现形式，这种商品性质——作为物化的意识——也根本不力求超出这种形式之外，相反，它力求通过'科学地加强'这里可理解的规律性来坚持这种表现形式，并使之永久化。"（卢卡奇，1999：159）随着资本主义的商品生产成为一个社会中占统治地位的"对象性形式"（Gegenständlichkeitsform），那么物化结构就渗透于这个社会的生活的所有表现形式中，物化现象就与形成它的经济基础相分离而表现得好像是一种普遍的文化心理现象，这种不可被理解的假象就是作为社会意识形态的物化意识。与工厂的组织形式类似，国家和法律等上层建筑也被合理化、系统化和规范化，这些上层建筑的社会职能也被合理地分割成各个类别，并按照官僚统治的结构组成一个有规律的系统。身处各个职能中的个体意识到国家机器是凌驾于他之上的系统，他失去了超越这个铁的牢笼的想法，而安于以计算的理性去服从于这个对他而言是必然性的系统。（卢卡奇，1999：165－166）如此，物化意识不仅在劳动主体的心理中，而且在社会大众的伦理中都成了占主导地位的思维方式。

物化意识作为一种意识形态深入各个专门的领域，要求各个领域以一种"科学的"方式去认识各自领域内的规律，人们的思维和认识被局限于一个封闭的领域之中。随着社会劳动分工的不断细化、学科研究的不断专业化，沟通和统一一切学科的认知变得越来越不可能。卢卡奇认为，现代科学活动越发展，"就越多地变成一种具有局部特殊规律的形式上的封闭系统，对于这种系统来说，处于这个领域本身以外的世界甚至首先同这个世界连在一起的、由这个领域加以认识的物质，即这个领域自身的、具体的现实基础，在方法论上和原则上被看作是无法把握的"（卢卡奇，1999：172）。经济学家能合理地分析市场主体的利己行为，但是对于作为总体的市场的盲目性却没有像样的解释；历史学家可以依据各个独立的事实去分析历史事件，但是对于历史本身却无法把握，就如康德面对自在之物一般。在卢卡奇看来，这种认识论上的二律背反植根于物化意识的结构之中，物化意识使得浸染于其中的人们无法从总体上把握历史。

要想突破物化意识的限制，必须从具体的历史的角度去把握社会存在，即获得一种总体性的认识，这只有一种特殊的历史哲学才能办到。在这种特殊的历史哲学视角中，历史不是历史事件的机械之和，也不是先验的目的论，而是一种“经验的总体”，它的现实性只能在一系列的“中介过程”中才能被实现和被把握。（卢卡奇，1999：236－240）由于深陷物化意识之中，资产阶级的认识方式无法看到这些中介形式，它只能对它所遇见的事实“采取一种直接的态度”，它只能从一个旁观者的角度去直观历史过程中的各个局部的环节，并将其作为既成的对象来加以肯定和承认。因此，在资产阶级的直观态度中，历史要么是被英雄创造的，要么是一种自然规律。（卢卡奇，1999：241－244）在卢卡奇看来，“中介的范畴作为克服经验的纯直接性的方法论”是各个中介的“客观具体的结构本身的显现”，这一点只有突破资产阶级的物化意识的束缚才能把握到。（卢卡奇，1999：249）

在卢卡奇眼中，只有一个阶级有可能突破物化意识的阻碍，从总体上把握这种历史哲学，即自觉的、取得阶级意识的无产阶级。尽管身处物化结构之中的无产阶级与资产阶级一样，生活的各个方面都被物化了，但是由于两者经济地位的差异，无产阶级具有突破物化意识、直面其背后的社会存在的能力。无产阶级的社会存在总是处于客体的那一侧，即他在经济社会中总是作为一种商品存在。因此，对无产阶级而言，物化意识的直接性就是无产阶级意识到自己本身是作为社会劳动的客体而存在，意识到自己作为商品存在不过是资本主义的商品生产的各类中介的结果。也就是说，“只有当工人意识到他自己是商品时，他才能意识到他的社会存在”（卢卡奇，1999：257）。这种认识在卢卡奇眼中是一种“实践的认识”，因为它使得无产阶级认识到自己处于这个生产体系的核心，同时认识到要想改变自己的社会存在，就必须改变这个生产体系，因而这种认识从一开始就是“朝着社会总体前进的意向”（卢卡奇，1999：263）。在意识变为实践的点上，无产阶级的意识就被提升为社会的自我认识。如此，无产阶级就成长为历史发展的“同一的主体—客体”，作为历史的主体的无产阶级为了改变当下的社会存在必须实践地采取“下一个步骤”（卢卡奇，1999：295）。在这个意义上，觉醒的无产阶级不仅是历史的剧中人，又是历史的剧作者。

如果说卢卡奇主张，只要无产阶级取得自己的阶级意识就能超越资本主义的物化结构而推动历史前进，那么在霍克海默和阿多诺眼中，这个方案的本质是一种客观唯心主义的历史哲学，它对于历史哲学的理论作用和作为历史的主体—客体的无产阶级意识的实践活动过于乐观。哈贝马斯就认为：“从历史角度来看，卢卡奇对物化理论的解释，由于革命的失误和发达工业社会中出现了未曾预料到的认同力量而遭到否定。”（哈贝马斯，2004：348）具体说来，有三种历史经验使人们对卢卡奇的方案保持怀疑：(1）苏联对官僚科层制的强化；(2）法西斯主义对“自然的造反”的心理的利用；(3）大众文化对群众思维的控制。（哈贝马斯，2004：349－351）这三点使得人们的革命意识被扭曲，或造反的心理被利用于错误的方向，或无法取得无产阶级意识。尤其是大众文化成为社会合理化的隐形媒介，一方面它本身是作为一种文化工业在发挥作用，因而它本质上也是一种合理化的生产体系；另一方面由于其生产的内容的隐蔽性，而在人们的意识中将文化的生产与传统的工业生产相区分，从而使自己远离无产阶级生活中的日常经验，因而人们对自己被文化工业物化的现象难以察觉和反思，最后从根本上丧失了超越越来越物化的、合理化的社会和制度的能力。作为大众文化的文化工业的存在使得卢卡奇的主张，即无产阶级对物化现象有一种本能的反对，丧失了物质基础，而沦为黑格尔式的“逻辑必然性”。

实际上，霍克海默和阿多诺在某种程度上继承了卢卡奇对物化的批判，但是在理论成色上显得更为悲观。在他们看来，科学技术这些从前被马克思视为生产力的中立要素也与当前的生产关系同流合污，形成了一种被神话的、作为意识形态的启蒙理性。（哈贝马斯，2004：361－363）正是作为意识形态的科学和技术使得人们丧失了超越性的力量。这种启蒙理性的本质是贯穿整个世界历史文明进程的工具理性，因而他们将批判的目光从资本主义这个特殊阶段拓展到超历史的工具理性上面。但在哈贝马斯看来，早期批判理论的尝试本身也颇具悲剧色彩，因为它一方面追求传统哲学所坚持的思辨的自然和人的和谐统一，另一方面由于它把基于工具理性而构成的体系看成是意识形态，从而否认了在实践中重新把握总体性的可能性。（哈贝马斯，2004：366）如此，早期批判理论只能将批判的功能委托给艺术和美学理论，这不得不说是早期批判理论的失败。

按照哈贝马斯的看法，这种失败的关键原因在于传统的“意识哲学的范式已经衰竭”，出路在于转向各个语言主体的交往理论。（哈贝马斯，2004：369）在这种理论中，传统的历史与解放的命题便转化为系统与生活世界的均衡问题。工具理性与交往行为的合理化被哈贝马斯分别理解为系统和生活世界的合理化，但在晚期资本主义社会中由于系统合理化更多更快地增长，生活世界处于系统的宰制之下。在哈贝马斯眼中，以交互性为基础的生活世界的历史使命就在于“冲破对周围世界采取默然态度的资本主义经济制度中的藩篱”（哈贝马斯，2004：8）。达成这一目标的手段主要是主体间的沟通所达成的共识，而非基于劳动的反思模型的无产阶级意识所带来的解放作用。

卢卡奇从历史哲学的角度论证了无产阶级的生存境遇将迫使自己从总体上把握资本主义生产体系的本质，从而破除物化意识的意识形态而进行革命实践。卢卡奇的论述突出了无产阶级的能动性和革命性——他相信，当无产阶级取得自己的革命意识的时候，它就能破除“物化意识”的阻碍，从而推动资本主义社会发展为共产主义社会。但在批评的观点看来，他的论述是一种唯心主义的历史哲学，“劳动—解放”的自我异化框架已经随着社会历史条件的改变而过时了。卢卡奇的设想本质上遵循了“非物化状态—物化状态—物化状态的破除”的图式，因而仍然是以“实体＝主体”为起动点的自我异化模型，只不过“实体＝主体”被替换成了从整体上把握了资本主义生产体系的真相的无产阶级而已。

在本文看来，虽然卢卡奇的观点具有一定的积极性，但是我们不能停留于某种历史哲学框架来阐述无产阶级意识的作用，而是需要重塑

“劳动—解放”框架发挥作用的物质前提。而《德意志意识形态》对于阶级斗争和生产实践的论述恰好为重塑“劳动—解放”框架提供了空间。在那里，马克思看到，劳动与所有的分离只是在物质条件下使得工人与资本家分成两类人群，或者说，由于利益的不同，他们分裂成两个自在的阶级。但是这并不意味着无产阶级意识能自然而然地形成，无产阶级只有在尖锐的经济和政治的矛盾中才能取得自己的阶级意识，成为一个自为的阶级。这种尖锐的矛盾只有在生产力和交往形式发生剧烈冲突的时候才有可能。这种冲突使得无产阶级意识到，它在共同活动中与生产力和交往形式发生联系。一方面，由于旧有的交往形式阻碍无产阶级领有生产力，所以它只有破除了这种旧的交往形式才能领有生产力；另一方面，必须推动生产力的发展，无产阶级才有能力和条件废除旧的交往形式。无产阶级是选择推动生产力的发展，还是破除旧的交往形式，这取决于具体的情况。

二、形成阶级与阶级意识的历史条件

《德意志意识形态》基于一种利益论说明了个人成为阶级的过程，这种利益论的核心是个人的自我保存的意图和行为。（秋叶节夫，2014：135-141）马克思曾在分工的视角下处理过个人利益与共同利益的矛盾：“随着分工的发展也产生了个人利益或单个家庭的利益与所有互相交往的人们的共同利益之间的矛盾；同时，这种共同的利益不是仅仅作为一种‘普遍的东西’存在于观念之中，而且首先是作为彼此分工的个人之间的相互依存关系存在于现实之中。”（马克思，恩格斯，1960：37）这里的分工存在于私人家庭从本源共同体中析出的阶段，尚未形成特殊的环节，或者说阶级尚未存在，因此，共同体中的各个个人有双重身份，一方面他是私人家庭的成员，另一方面他又是共同体的成员。在这种双重身份的情况下，个人利益存在于个人的观念中，而共同利益不仅存在于他的观念中，而且实际上与他的个人利益尚未区分开来。当他仅着眼于私人家庭的时候，他意识到他的自我保存取决于自己的劳动；

当他仅着眼于共同体的时候，他意识到自己的劳动是依赖于其他人的劳动的。在这种双重的单向视角下，个体意识到他的自我保存被共同活动中的其他人的劳动限制。因此，他的个体的自我保存是与共同体直接对立的，个人利益是直接面对共同利益的。

在这种对立中，个人有两种方式来达成他的自我保存：一种是直接的方式，即通过直接领有自己的劳动成果来确认自己的存在；另一种是间接的方式，即借助共同体的力量领有别人的劳动成果来确认自己的存在。采取哪种方式是由个体在分工体系中的差异或优势所决定的。采取直接方式进行自我保存的个体总是要面对个人利益与共同利益的对立，而采取间接方式进行自我保存的个体则更倾向于共同利益，因为他是依赖于共同体中他人的共同活动的成果而确认自己的存在的。因此，由于利益的差异，共同体中的人群分裂成两种性质的人群，前者倾向于逃离共同体以保存自己的个人利益，后者倾向于巩固共同体以保存自己的个人利益，并视自己的个人利益与共同利益为一体。这两种利益倾向的固化就会形成两个笼统的阶级，即统治阶级和被统治阶级。前者会将存在于共同利益中的自己的特殊利益宣称和转化为普遍利益，后者的个人利益则“被作为私人利益固定”下来。于是社会劳动分工意义上的个人利益与共同利益的对立转化为阶级意义上的私人利益与普遍利益的对立。（马克思，恩格斯，1960：272－276）

以上是对利益论前提下的个人形成为阶级的过程的一般论述，但在不同性质的阶级社会中又有所不同。具体而言，可以分为前资本家社会中的等级和资本家社会中的阶级两种情况。由于劳动分工的不发达与交往的狭隘性，等级在前资本家社会中始终处于人身依附的规定之下，而地域性和对人的直接依赖关系是等级不同于阶级的地方。一方面，劳动分工与交往的局域性使得个人的劳动与他人的劳动始终处于一种自然的、可分离的外在关系之中，因而个人的生活的具体内容和方式总是和他的这种劳动个性或者说他的存在个性密不可分，这就使得个人表现为“有个性的个人”（巴加图利亚，2011：55）。另一方面，由于他们的具体劳动总是处于人身依附的规定之下，因而和某种身份与名誉连接在一起，他的劳动技艺体现了他所属的团体的脸面和荣誉。这种荣誉感使得这些有个性的个人与他的团体有一种自然的情感联系。

在这个意义上，等级是如此形成的：在社会劳动分工中处于劣势一方的个人出于自我保存而从原来的共同体中逃离出来，类似的分工条件使得他们具有相似的私人利益，他们基于利益而联合起来形成各个团体。因此，等级就是私人保护自己的私人利益的联盟或群，他们与这个联盟的关系是外在的、可分离的、非有机的关系。马克思曾以“手艺人联合为行会”的例子来说明这一点，他们联合为一个次一级的共同体的原因是为了逃避原来共同体的压迫，减少彼此劳动产品的竞争和保护自身手艺的垄断地位，即保护他们共同的私人利益。（巴加图利亚，2011：42）随着交往的扩大，具有同样特征的联盟遍布各个新城市，如此则形成了一个向阶级过渡的“市民阶级”或“市民等级”。在马克思眼中，这种等级-阶级仍带有两个特点，即自我保存的联合与狭隘的地域封建性，因而对于封建的制度而言，他们不是“作为一个阶级解放出来的，而是单个地解放出来的”（巴加图利亚，2011：56）。受制于这种基于利益的自然感情和狭隘的地域性，等级的个人对于自身所处的生活条件以及这种生活条件对自己的历史的社会地位的决定作用是无意识的。

阶级在资本家社会中则摆脱了人身依附关系和狭隘的地域局限性。政治和伦理上的差异不再是个人的规定性，因而在形式上个人都是一样平等的，个人的差异是纯粹经济上的区别。在这个意义上，个人的内在生活世界与他被劳动分工统摄的外部生活相分离。换言之，个人的规定性不再来自个体的劳动的性质，他丧失了他的个性，成为“抽象的个人”（巴加图利亚，2011：63），他的规定性来自外部系统，即社会分工条件下的阶级规定性。马克思说：“各个人可以看到自己的生活条件是早已确定了的：阶级决定他们的生活状况，同时也决定他们的个人命运，使他们受它支配。”（马克思，恩格斯，1960：61）隶属于阶级的抽象的个人就是“阶级的个人”，个人与阶级的关系就不再是个人的外在的自然联合，而是个人被社会劳动分工的外在系统抛进阶级中。在这个外在系统中，“各个人的一切生存条件、一切制约性、一切片面性都融合为两种最简单的形式——私有制和劳动”（马克思，恩格斯，1960：579）。从前在等级中构成个人的个性的最重要的两个统一的内在因素，即劳动与对劳动产品的领有，分裂成两个外在的独立部分，即劳动和所有的分离。被抛入占有私人所有的阶级的个人就是作为资本家的个人，被抛入占有劳动的阶级的个人就是作为无产者的个人，两者在私人生活层面是彼此冷漠的，但在阶级层面两者的利益却是直接对立的，这表现为一方占据一切利益，一方失去一切利益。

如果说劳动与所有完全分离且劳动被置于所有的统摄之下是个人成为无产者的生存论的基础，即个人无法通过自己的劳动来达成自我保存，那么无产阶级的形成就意味着形成了一个在资本主义生产体系中无法“维护任何特殊的阶级利益的阶级”。如此，这个阶级就站在了资本主义的生产体系的总体利益的对面，这是无产阶级的生存论的基础。但是这仅仅是在生存论的层面上描述了无产者与无产阶级的关系，并不意味着当下处于这种生存状态中的无产者就认识到了自己与自己所属的阶级的这种隶属关系。

劳动是各个现实的个人的自由自觉的活动，它与自然之物的结合会形成对象世界，这个对象世界是现实的个人的本质，个人在对象世界中领有自己的劳动产品时就是领有自己的本质，或者说自己与本质是合为一体的。但是在资本主义生产体系中，作为无产阶级的个人在劳动中虽然会产出对象世界，但他无法从这个对象世界中领回自己的本质，因而形成一种空虚的感觉或心理，即无产者在劳动中感觉到自己失去了自由自觉的活动，感觉到自己无法确认自己的“独特性”（Eigentümlichkeit），感觉到自己被外在的东西驱动。（马克思，恩格斯，1960：255）用马克思的话来说就是：“他们同生产力和自身存在还保持着的唯一联系，即劳动，在他们那里已经失去了任何自主活动的假象，它只是用摧残生命的东西来维持他们的生命。”（马克思，恩格斯，1960：75）这些感觉是与作为创造对象性本质的活动的劳动相矛盾的，对这种矛盾的感觉的知性认识就是虚无性。因此，无产者在资本主义生产体系中劳动所获得的认识不是对普遍性的认识，而是认识到自己无本质。但这种矛盾的感觉本身还不是阶级意识，仅仅是个体无产者对自身的虚无的命运的体认。

从个体无产者的自然反抗到无产阶级取得无产阶级意识需要一个契机，在马克思的视野中就是资本主义生产体系的危机，它表现为生产力与交往形式的矛盾。“生产力和交往手段在现存关系下只能带来灾难……与此同时还产生了一个阶级，它必须承担社会的一切重负，而不能享受社会的福利，由于它被排斥于社会之外，因而必然与其余一切阶级发生最激烈的对立；这个阶级是社会成员中的大多数，从这个阶级中产生出必须实行根本革命的意识，即共产主义的意识。”（马克思，恩格斯，1960：77－78）在非危机的时期，个体无产者的悲苦命运表现为一种假象，似乎只是他个人的不幸。非危机时期的许多偶然因素都能造成这样的假象，譬如在经济上升时期无产者之间的竞争会将劳资矛盾装扮成一般的供需矛盾，各种意识形态也会调和与掩盖劳资对立。但只有在危机时期，个体无产者的自然的反抗才会发展为无产阶级的普遍的反抗，因为危机使得无产者认识到他之所以不能从他的劳动中确证自己，是因为他被资本主义生产体系抛到无产阶级这个特殊的位置上，即并非是劳动本身造成了他的无，而是劳动与所有的分离造成了他的无，这是资本主义生产体系独有的特征。无产者对自我的存在状态的系统性的认识就是无产阶级意识，这种意识认识到所有被抛入虚无状态的无产者都具有同样的利益，即不团结起来取消这种劳动与所有分离的状态就无法从虚无中获得解放。这样的意识不仅仅是一种理论的认识，它从一开始就导向实践，因而是一种实践的意识。

三、阶级意识对于历史变革的意义

在卢卡奇的解释中更多的是强调物化结构必然会使得无产阶级形成反抗意识，但《德意志意识形态》不仅强调了要使无产阶级认识到消灭私有制的重要性，还强调了无产阶级发挥这种意识的力量的实践条件。一般地看，这种实践条件有三个方面：（1）推动历史变革的物质条件；（2）推动历史变革的主体条件；（3）推动历史变革的主体的组织方式。

这三个里面最为基础的条件是第一个条件，它指的是生产力的普遍发展与交往的普遍化。生产力的普遍发展不仅仅是指一般的量的提升，更重要的是分工的普遍发展。只有普遍的分工才能将尽可能多的社会劳动分工条件下的个人纳入这个“异化＝物化”的体系中，使得无产阶级的类型不再局限于传统的工业和作为工业的农业中，而是随着分工的普遍发展，无产阶级占据着资本主义生产体系的方方面面。如此，才能使绝大多数职业的从事者都无产阶级化，并“和现存的有钱的有教养的世界相对立”（马克思，恩格斯，1960：39）。交往的普遍化则使得局域性的无产阶级化成为世界性的无产阶级化，“无产阶级只有**在世界历史意义上**才能存在”（马克思，恩格斯，1960：40）。

第二个条件以第一个条件为前提，它指的是无产阶级占有普遍发展的生产力和交往的能力，即“对生产力总和的占有以及由此而来的才能总和的发挥”（马克思，恩格斯，1960：76）。在生产力和交往的普遍发展中，一般来说，无产阶级异化的程度也得到了普遍的发展，因而无产阶级的个人本身也普遍地成为物，没有这种物与生产资料的结合，整个生产体系就无法维持。无产阶级的个人的生命的再生产、劳动力的再生产、智力的再生产以及人类的再生产本身都成为资本主义生产体系运转的必要之物，因而在这种“主奴辩证法”下，无产阶级被动地成为生产体系的核心，而与生产力普遍地结合着。生产力越是发展，无产阶级与生产力结合的程度越是深刻。

第三个条件是在前两个条件的基础上形成的，指的是无产阶级的个人的政治联合，即“占有只有通过联合才能得到实现，由于无产阶级所固有的本性，这种联合只能是普遍性的，而且占有也只有通过革命才能得到实现”（马克思，恩格斯，1960：76）。取得无产阶级意识的阶级的个人将这种阶级意识由“认识—意向”层面变为“行动—实践”层面的标志就在于有组织的政治行动。但马克思并不认为这种政治行动是突然就可以形成的行动或一劳永逸的行动，它也是受到历史的经验的制约的，并在不断的行动中得到提升。他在批判施蒂纳的观点时就表示：“圣桑乔在这里又把无产者看作是一个‘闭塞的社会’，只要通过一个

‘抓取’的决议就能在第二天把整个至今所存在的世界秩序草草了结。其实无产者只是通过长期的发展过程才达到这个统一的状态。”（马克思，恩格斯，1960：370）无产阶级集体行动的能力不是一日之功，而是在实践过程中反复锻炼，与生产力和交往的情况的反复磨合。从这个意义上，无产阶级的阶级意识也必须落实在经验和实践中，落实在对生产力和交往的把握中才有其推动历史变革的作用。

正如哈贝马斯所言，卢卡奇所犯的“致命性的错误”，即把无产阶级意识设想为一般的历史主体，而总体性的历史是通过具有这种自我意识的无产阶级的实践而发挥作用的，马克思却避免了。（哈贝马斯，2004：346）马克思并没有把无产阶级设想为推动历史前进的主观动力或者一般的历史主体，而总是从现实的个人与他所处的生存条件的角度来理解他与他所属的阶级的关系，因此无产阶级并不是那种为历史哲学所自负的救世主，而是参与革命的各个经验主体的联合。显然，历史哲学的主体与各个经验的革命者是两码事。虽然马克思没有将无产阶级理解为历史哲学的主体，但他也没有否定取得阶级意识的自觉的无产阶级能起到推动历史变革的作用。要想理解取得阶级意识的经验的无产阶级对历史的作用，得在共产主义论的内在矛盾中去理解。所谓共产主义论的内在矛盾是指将共产主义理解为一个运动与理解为一个理念的矛盾。（竹内章郎，2014：214－220）共产主义的运动规定包含了如下几个理论要素：无产阶级与生产力的否定关系、政治运动与历史任务。而共产主义的理念规定包含了这样几个理论要素：无产阶级与生产力的肯定关系、共产主义理念与历史任务。

首先来看运动规定的三个理论要素。前面在谈论个人形成阶级的过程的时候，是在利益论的框架下来理解无产阶级的，即无产阶级是没有私人利益的阶级。之所以如此，是因为无产阶级是被资本主义生产体系排除在外的阶级。由于劳动与所有在资本主义生产体系中是分离的，个体无产者虽然在劳动过程中是形式上介入生产的，但在所有层面上他被实质地排除在他的劳动产品之外，他不能领回他的劳动成果。也就是说，由这种个体无产者形成的无产阶级实际上是被排除在生产力之外的。这就是无产阶级与生产力的否定关系。这种与生产力的否定关系构成了无产阶级的存在论基础，并在这种被排除的状态中——被有产阶级排除在生产力之外——获得无产阶级意识，认识到私有制是导致无产阶级劳动与所有分离的原因，因而无产阶级意识转变为指向私有制的政治运动。作为政治运动的共产主义的历史任务就是变革旧的社会，取消私有制。应该说，在无产阶级与生产力的否定关系的视角下去理解无产阶级意识的历史作用是卢卡奇以来的西方马克思主义者的主流视角。这种历史作用的特点在于，无产阶级意识否定地指向旧有的社会关系，并从相反的方向来形成无产阶级的意识形态，以此引导和组织无产阶级的政治运动，强调最大限度地发挥无产阶级的主观能动性。

但在马克思的共产主义论中，还有肯定性的维度，在理念规定的三个要素中可以发现这一点。无产阶级意识对历史的变革作用不是无条件的，最基础的条件就在于发达的生产力与普遍的交往。无产阶级意识不与发达的生产力和普遍的交往结合，无产阶级就不能提升发挥自身能动性的能力，就不能形成广泛的联合，也就无法占有生产力的总和。无产阶级必须得创造自己与生产力的肯定关系。所谓生产力的总和不仅仅指旧有的生产力的总和，更多的是新的生产力的总和。占有生产力的总和的论点令人感到矛盾的地方在于，旧有的生产力本身产生了无产阶级，无产阶级不取消与之不适应的生产关系就无法占有新的生产力。但在马克思的共产主义论中，这个占有生产力的总和其实是与未来社会的图景相结合论述的。譬如，“个人得到全面发展”“全面发展的个人”“自由的生活活动”等论述都是描述未来社会图景下的与新生产力结合的无产阶级。（马克思，恩格斯，1960：516）也就是说，在无产阶级与生产力的肯定关系的视角下，无产阶级意识要确立共产主义理念，即对未来社会生产力的总体把握和设想，要推动生产力与交往向这个共产主义的图景发展。作为社会发展理念的共产主义的历史任务就是推动并占有生产力和交往的普遍发展。

因此，从《德意志意识形态》的共产主义论的两个规定的纠缠中可以看出，无产阶级意识不是单向度地发挥其作用的。相反，无产阶级与生产力的否定关系以及它与生产力的肯定关系，是无产阶级意识发挥作用和无产阶级的实践行动的两个基准。无产阶级必须有意识地在世界历史性的共同活动的系统中去把握发达的生产力与普遍的交往之间的矛盾，有意识地在矛盾中创造有利于自身行动的条件。从这个意义上来说，无产阶级意识不是历史哲学理解的一般主体，它的历史作用要在经验的条件中去论述。

参考文献

巴加图利亚，2011. 巴加图利亚版《德意志意识形态·费尔巴哈》. 南京：南京大学出版社.

哈贝马斯，2004. 交往行为理论：第 1 卷 . 上海：上海人民出版社.

卢卡奇，1999. 历史与阶级意识 . 北京：商务印书馆.

马克思，恩格斯，1960. 马克思恩格斯全集：第 3 卷 . 北京：人民出版社.

秋叶节夫，2014. “阶级的个人”的诸相和各个人//岩佐茂，小林一穗，渡边宪正 .《德意志意识形态》的世界 . 北京：北京师范大学出版社.

竹内章郎，2014. 共产主义论中自我否定的逻辑//岩佐茂，小林一穗，渡边宪正 .《德意志意识形态》的世界 . 北京：北京师范大学出版社.

立　论

论马克思道德哲学的劳动哲学基础*

黄云明**

摘　要：马克思以物质生产劳动实践为哲学本体概念，超越以往唯物主义和唯心主义哲学的对立，创造了劳动哲学体系。以劳动哲学为方法论，马克思创立了道德的劳动起源论、道德的劳动演化论、道德的劳动本质论、道德的劳动功能论和道德的劳动人道主义价值论等构成的道德哲学体系。马克思科学地揭示了社会道德现象产生的根本社会原因及其发展变化的基本规律，准确阐释了道德现象的社会本质和社会作用以及道德价值观念的根本性质和时代内涵。

关键词：马克思　劳动哲学　道德哲学

唯物史观是马克思对人类哲学的最大贡献。唯物史观不是马克思将物质本体论运用于社会历史领域的结果，而是马克思在研究法律、道德和宗教等社会问题的过程中，发现用理性主义的思想观念不能清楚阐释以上社会现象的本质，人们在法律、道德和宗教问题上的思想观点是由人们的物质利益决定的，而人们的物质利益是由物质生产劳动实践决定的，物质生产劳动实践是一切社会实践的基础，也是最重要的社会实践，决定其他社会实践。由此，马克思确定了物质生产劳动实践作为认

---

* 本文为国家社科基金后期资助项目“马克思劳动哲学视阈中的法哲学思想研究”(21FZXB004)的中期研究成果。

** 黄云明，河北沧州人，哲学博士，河北大学哲学与社会学学院教授、博士研究生导师，主要研究方向为马克思主义道德哲学、经济伦理、法律伦理。

识世界的出发点，作为其哲学的本体概念，形成了劳动哲学的思想体系。以往我国马克思主义伦理学研究囿于苏联哲学家对马克思哲学的阐释，将马克思哲学理解为物质本体论，将唯物史观理解为物质决定意识在社会历史领域的运用，没有真正理解马克思从物质生产劳动实践出发认识世界和人类社会的劳动哲学的重大意义，未能真正做到以劳动哲学为方法论，阐发马克思关于道德起源、道德发展、道德本质和道德功能等道德哲学的重大问题，未能真正彰显马克思道德哲学的原生态面目，未能全面阐发马克思道德哲学的革命意义。本文以"回归原生态"马克思哲学的方法为指导思想，分析马克思劳动哲学与道德哲学的内在联系，探索马克思道德哲学形成的哲学本体论、方法论、历史观和价值观基础。

一、马克思道德哲学的劳动本体论基础

哲学作为关于世界的总体认识，本体问题就是哲学的核心问题，亚里士多德把它作为形而上学的问题。在人类早期哲学史上，本体是哲学家用来解释世界本原的哲学概念，也就是说，所谓本体，既是哲学家眼中世界归根到底的所是，也是哲学家归根到底如何看待世界，这两个问题在休谟哲学以前，是混同在一起的。休谟以后，西方哲学将事实认识与价值判断分离，哲学出现了实证主义和人文哲学的分野，很多哲学家宣告了形而上学终结，将不可经验实证的世界本原问题从研究视野中剔除。也有很多学者据此主张马克思作为现代哲学家没有本体思想，反对其他学者将马克思的实践的唯物主义哲学中的实践看作哲学的本体，"'人是对象性活动'这一命题的重要意义在于它能够在将能动性吸收进来的同时仍然保持唯物主义的立场。而对于这一关键之点，人们往往将之忽略或简单化了。这里最常见的简单化便是直接将人的对象性活动或实践视为实在之物或本体，并以'实践本体论'之类名之，将之视为如同旧唯物主义的'自然'或'物质'、唯心主义的'精神'或'理念'一样的现成之物，而全然错失了《1844年经济学哲学手稿》与《德意

志意识形态》中所着力揭示的人及其世界通过人的对象性活动的生成性”①。这样就否认了马克思实践概念作为哲学本体的意义，而这种断言显然基于将哲学本体概念狭隘地理解为世界的本原，而忽略了哲学本体不仅是世界归根到底之所是，也是哲学家眼中世界归根到底之所是，哲学本体作为哲学家认识世界的根本视角的意义。

在传统哲学中，本体既是哲学家对世界本原形而上学的思考，也是哲学家看待世界的根本视角。哲学作为世界观就是方法论。本体作为哲学家所说的世界归根到底之所是，就是哲学家把世界看成的所是。哲学本体同时具有方法论和认识论的意义。作为世界本原的本体可以被搁置，但是，作为哲学家视野中的究竟之所是的本体，是哲学家认识世界的根本视角，是其哲学理论的出发点，是贯彻其哲学体系的思维原则，是无论如何搁置不了的。从这个意义上说，没有本体论就不是完备的哲学体系，甚至就没有哲学。因此，现代哲学并没有终结形而上学，而只是终结了传统的形而上学，形而上学只是改变了存在方式。马克思哲学作为现代哲学，其哲学的本体概念也不是马克思用于追问世界归根到底是什么的哲学范畴，而是马克思确立的分析、认识世界的根本视角和思维的基本原则。

作为世界究竟之所是的哲学本体，在马克思哲学中是不存在的，或者说是马克思不关心的，马克思关心的是属人的自然界。谁生出了第一个人和整个自然界，马克思认为这样的问题是虚妄的、荒谬的，他说：“我只能对你作如下的回答：你的问题本身就是抽象的产物。请你问一下自己，你是怎样想到这个问题的；请你问一下自己，你的问题是不是来自一个因为荒谬而使我无法回答的观点。请你问一下自己，那个无限的过程本身对理性的思维来说是否存在。既然你提出自然界和人的创造问题，你也就把人和自然界抽象掉了。你设定它们是**不存在的**，你却希望我向你证明它们是**存在的**。那我就对你说：放弃你的抽象，你也就会放弃你的问题，或者，你想坚持自己的抽象，你就要贯彻到底，如果你

① 王南湜．恩格斯“劳动创造了人本身”新解．马克思主义与现实，2020（5）：46.

设想人和自然界是**不存在的**，那么你就要设想你自己也是不存在的，因为你自己也是自然界和人。不要那样想，也不要那样向我提问，因为一旦你那样想，那样提问，你就会把自然界的存在和人的存在**抽象掉**，这是没有任何意义的。也许你是个设定一切都不存在，而自己却想存在的利己主义者吧？”① 也就是说，在马克思看来，世界是怎么产生的以及世界究竟是什么的问题，是虚妄的问题，所以马克思哲学不追究作为世界之究竟的哲学本体，但是不意味着马克思哲学没有本体，马克思的哲学本体不是关于世界究竟的所是，而是马克思把世界归根到底看成的所是。

马克思不同于以往的哲学家，以往的“哲学家们只是用不同的方式**解释**世界，而问题在于**改变**世界”②。以改变世界为己任的马克思哲学，不追问世界归根到底是什么，而是把世界纳入人们改造世界的活动中来认识，将世界视为人的实践的对象，不能纳入实践对象考察的世界，马克思就将其排除在自己的视野之外，将其视为不存在。马克思并非不承认世界的客观性和先在性，只是不注重从这样的视角出发去认识世界，马克思注重的是将世界纳入人类社会发展历史来认识，将自然视为人化自然。马克思说：“在人类历史中即在人类社会的形成过程中生成的自然界，是人的**现实的**自然界；因此，通过工业——尽管以**异化**的形式——形成的自然界，是真正的、**人本学的**自然界。”③ 卢卡奇认为，在马克思这里，“自然界是一个社会的范畴。这就是说，在社会发展的一定阶段上什么被看作是自然，这种自然同人的关系是怎样的，而且人对自然的阐明又是以何种形式进行的，因此自然按照形式和内容、范围和对象性应意味着什么，这一切始终都是受社会制约的”④。卢卡奇抓住了马克思与以往唯物主义哲学家的根本区别所在。

马克思认为只有从社会实践出发把握世界，才能真正解释世界，更

---

① 马克思恩格斯文集：第1卷．北京：人民出版社，2009：196.

② 同①506.

③ 同①193.

④ 卢卡奇．历史与阶级意识．北京：商务印书馆，1992：318－319.

重要的是才能真正有助于改造世界。将社会实践作为哲学的本体概念，超越了以往唯物主义和唯心主义哲学的对立，马克思说："我们在这里看到，彻底的自然主义或人道主义，既不同于唯心主义，也不同于唯物主义，同时又是把这二者结合起来的真理。我们同时也看到，只有自然主义能够理解世界历史的行动。"① 唯物主义和唯心主义哲学家都想真正解释世界，而不是想改造世界，正因为如此，他们也不能真正解释世界，以往的唯物主义哲学只能直观地认识世界，世界在他们那里只是僵死材料的堆积，缺乏能动性，唯心主义哲学倒是发展了能动性，但是唯心主义哲学把世界看成精神的幻化，缺乏实在的客观依据。马克思哲学以社会实践为本体，在主体与客体的互动中把握世界，真正实现了主观与客观的对立统一，实现了哲学革命。在马克思的哲学中，世界作为人的实践的对象不仅具有客观实在性而且具有能动性。马克思认为对物质世界的理解不能排除人的能动性和社会性。彼得·海勒尔在《马克思和恩格斯在 1846 年以前向唯物主义过渡时对"物质"这一概念的反思》中说："旧唯物主义在世界观上的主要缺陷是，它虽然把人看作是自然的生物，但并不把他看作是社会中活动的生物。就是说，它没有充分认识到人不仅是受到他一生下来就面临的环境的制约，而且还自己创造自己的环境。"② 人与客观环境的关系是互动的，一方面人不得不遵从外在环境的客观必然性，另一方面也可以发挥主观能动性，在社会生活中，主观能动性表现为人在创造环境、改造环境的过程中，政治、法律、道德和宗教等精神因素也发挥重要作用。道德是人们为了创造自己生活的环境创造的文化。

马克思进一步认识到，在人类的社会实践中物质生产劳动实践是第一社会实践。马克思认为劳动"是制造使用价值的有目的的活动，是为了人类的需要而对自然物的占有，是人和自然之间的物质变换的一般条件，是人类生活的永恒的自然条件，因此，它不以人类生活的任何形式

---

① 马克思恩格斯文集：第 1 卷．北京：人民出版社，2009：209.

② 冯章．马克思主义研究资料：第 15 卷．北京：中央编译出版社，2014：5.

为转移，倒不如说，它为人类生活的一切社会形式所共有”①，“是指人借以实现人和自然之间的物质变换的人类一般的生产活动，它不仅已经脱掉一切社会形式和性质规定，而且甚至在它的单纯的自然存在上，不以社会为转移，超越一切社会之上”②。全部历史的第一个前提是有生命的个人的存在，个人存在需要维持生命的物质生活资料，人不得不处理与自然的关系，从自然界获取生存需要的物质生活资料，物质生活资料的生产是人的第一个历史活动，“任何历史记载都应当从这些自然基础以及它们在历史进程中由于人们的活动而发生的变更出发”③。物质生产劳动实践是生存的前提，是一切社会历史的基础，人类所有的社会现象都是人的社会实践及其结果。从物质生产劳动实践出发认识社会历史，就是把社会现象看成物质生产劳动实践与其他社会实践的关系，政治、法律、道德、艺术、宗教和哲学是人的精神生产，经济与道德以及其他所有精神生产活动的关系，究其本质而言是物质生产劳动实践与精神生产劳动实践之间的关系。马克思从物质生产劳动实践出发揭示各种社会现象的本质，其道德哲学的特色就是从物质生产劳动实践出发，揭示道德起源及其历史发展规律、道德的本质、道德的社会功能等道德哲学的根本问题，主张道德是物质生产劳动实践发展到一定阶段的产物，并且伴随物质生产劳动实践不断发展变化；道德是协调个人自我与他人和社会整体关系的社会实践，其中最重要的就是协调由物质生产劳动实践决定的物质利益关系，物质利益关系的核心是财产关系；在社会生活中，是社会物质生活决定人们的道德生活和道德观念，而不是道德观念决定人们的社会物质生活。个人的思想观念是社会物质生活的产物，而不是像唯心主义哲学家所说的社会生活是某些个人的思想观念的产物。所以，马克思在《资本论》第一卷第一版序言中说：“我的观点是把经济的社会形态的发展理解为一种自然史的过程。不管个人在主观上怎样超脱各种关系，他在社会意义上总是这些关系的产物。同其他任何观点

① 马克思恩格斯文集：第5卷．北京：人民出版社，2009：215.

② 马克思恩格斯文集：第7卷．北京：人民出版社，2009：923.

③ 马克思恩格斯文集：第1卷．北京：人民出版社，2009：519.

比起来，我的观点是更不能要个人对这些关系负责的。”[①] 要从社会物质生活出发解释社会道德生活，而不能将社会历史归结为某些个人品质的产物。

二、马克思道德哲学的劳动辩证法基础

（一）马克思辩证法的实践本质

世界观就是方法论，本体作为哲学家把握世界的根本出发点和视角，就是注定了哲学家把握世界的方法论。马克思哲学的本体论、方法论和历史哲学更是一体化的，马克思的方法论就是劳动辩证法。马克思发现只有将世界置于人类物质生产劳动实践发展过程中去认识，才能克服以往哲学的偏见。马克思说：“只要描绘出这个能动的生活过程，历史就不再像那些本身还是抽象的经验主义者所认为的那样，是一些僵死的事实的汇集，也不再像唯心主义者所认为的那样，是想象的主体的想象活动。”[②] 也就是说，只要从物质生产劳动实践出发去认识世界，就不再像以往唯物主义哲学那样将世界当成僵死事实的汇集，也不再像唯心主义者那样将世界理解为主体的想象活动，也只有从物质生产劳动实践出发去认识世界和社会，才能既保持以往哲学的优势，又能够避免以往哲学的问题。既能够保持唯物主义对客观规律的尊重，保持认识的客观性，也能够保持唯心主义所强调的能动性和灵活性，实现认识的客观确定性和主观能动性的统一。“劳动被视为是主体和客体辩证运动的中介、人与自然之间物质变换的转换器以及人与人之间交往活动的桥梁，并把劳动活动及其发展看作是社会历史变迁的深层根由，从而劳动成为理解马克思辩证法的根本切入点，劳动辩证法因此构成马克思辩证法的核心规定。”[③] 马克思哲学唯物论和辩证法的统一，充分说明了以往唯

---

① 马克思恩格斯文集：第5卷．北京：人民出版社，2009：10.

② 马克思恩格斯文集：第1卷．北京：人民出版社，2009：525－526.

③ 毛勒堂．论作为劳动哲学的马克思哲学．江汉论坛，2017（4）：78.

物主义哲学家的方法论都是形而上学的根本原因，那就是他们不从物质生产劳动实践出发认识世界，而是从客观物质出发认识世界，哲学本体概念缺乏能动性和灵活性，也说明了以往唯物主义哲学一进入社会历史领域就会变成唯心主义的原因，即缺乏能动性和灵活性的本体概念，不能解释有主体活动参与的社会历史的本质，只能把社会历史看成是宿命的或者像唯心主义哲学家一样看成是完全由人决定的。卢卡奇说："辩证法的决定因素，即主体与客体的相互作用、理论和实践的统一，在作为范畴基础的现实中的历史变化是思想中的变化的根本原因等等，并不存在于我们对自然界的认识中。"① 卢卡奇强调辩证法不是自然发展的规律，而是社会发展的规律、人的社会实践的规律，卢卡奇抓住了马克思辩证法思想的特色，但是他忽视了马克思就是从实践出发认识世界的，人对自然界的认识也是人的实践活动，也存在辩证法。

（二）马克思道德哲学的抽象性与具体性的统一

在以往哲学家那里，道德要么是某种客观或者主观精神力量为人类颁定的行为规范，要么和自然规律一样是纯粹客观的，要么被解释为人本来固有的本能，对道德产生和发展的社会原因及道德社会本质的解释都脱离了社会道德生活的实际。马克思将社会道德现象置于人类物质生产劳动实践发展史中考察，强调指导人们进行道德行为选择的所有道德观念都是物质生产劳动实践的反映，其内容和价值取向伴随物质生产劳动实践的发展不断变化。但是道德观念对物质生产劳动实践的反映不是如镜照物的摹写，而是融入着主观的追求，道德观念伴随物质生产劳动实践发展的变化也不是与物质生产劳动实践亦步亦趋。道德观念既是当下物质生产劳动实践的反映，也是对人类物质生产劳动实践历史的反映，不同历史时期的道德观念既有时代特性，同时也有历史共性，所以道德观念既有具体性也有抽象性，每一个时代物质生产劳动实践的个性是道德观念具体性、个性的社会基础，不同时代物质生产劳动实践的共

---

① 卢卡奇．历史与阶级意识．北京：商务印书馆，1992：51.

性则是道德观念的历史共性、普遍性、一般性和抽象性的社会基础。以往的道德哲学家单纯地从主观精神或者客观精神出发，强调道德观念的普遍性、永恒性和抽象性，马克思否定这种主观设定的、普遍的抽象的道德观念，强调这种道德观念是虚幻的，不是真实的社会存在，但是马克思并不否定以物质生产劳动实践的共性为基础的道德观念的抽象性和普遍性。很多学者在阅读马克思文献的过程中本本主义地理解马克思对抽象道德观念的否定，以至于认为马克思否定道德观念的抽象性，是没有真正理解马克思劳动哲学本体论的方法论意义，没有准确把握马克思劳动辩证法的根本精神导致的。

马克思的劳动辩证法强调主观能动性与客观规律性的对立统一是抽象和具体的统一，客观事物是具体的，而人对客观事物的认识则可以在对具体事物感性认识的基础上进行概括，归纳形成抽象的理性认识。指导人们进行行为选择的道德观念是在具体的社会生活中形成的，但是融入了人们对生活经验的概括，是无数次生活经验的抽象。马克思说："辩证法，在其合理形态上，引起资产阶级及其空论主义的代言人的恼怒和恐怖，因为辩证法在对现存事物的肯定的理解中同时包含对现存事物的否定的理解，即对现存事物的必然灭亡的理解；辩证法对每一种既成的形式都是从不断的运动中，因而也是从它的暂时性方面去理解；辩证法不崇拜任何东西，按其本质来说，它是批判的和革命的。"① 马克思的道德哲学反对将一切道德观念绝对化，经验是对以往生活的概括和总结，必须伴随社会实践的发展不断变化，所以，人们对待所有的道德观念都要坚持变与不变、抽象与具体的对立统一。从方法论上说，马克思确实反对资产阶级从抽象观念出发，但是马克思并不否定抽象把握的意义，而是强调要从具体到抽象。马克思说："具体总体作为思想总体、作为思想具体，事实上是思维的、理解的产物；但是，决不是处于直观和表象之外或驾于其上而思维着的、自我产生着的概念的产物，而是把

① 马克思恩格斯文集：第5卷．北京：人民出版社，2009：22.

直观和表象加工成概念这一过程的产物。”① 只有坚持道德观念是具体和抽象的统一，才能准确把握道德观念的指导意义。如果只承认具体性不承认抽象性，就不能确定道德观念的指导意义，人类以往的经验就没有意义，就没有文明的积淀；如果只承认抽象性不承认具体性，就会犯经验主义和教条主义的错误。

（三）马克思道德哲学的事实性与价值性的统一

马克思劳动辩证法的主观能动性与客观规律性的对立统一，在社会实践中表现为事实与价值的对立统一，也就是说社会实践既要尊重外在客观规律又要贯彻主观价值导向。马克思说：“随着经济基础的变革，全部庞大的上层建筑也或慢或快地发生变革。在考察这些变革时，必须时刻把下面两者区别开来：一种是生产的经济条件方面所发生的物质的、可以用自然科学的精确性指明的变革，一种是人们借以意识到这个冲突并力求把它克服的那些法律的、政治的、宗教的、艺术的或哲学的，简言之，意识形态的形式。我们判断一个人不能以他对自己的看法为依据；相反，这个意识必须从物质生活的矛盾中，从社会生产力和生产关系之间的现存冲突中去解释。”② 物质生产劳动实践的客观物质环境是社会历史规律客观性的基础，是社会历史规律与自然规律一致性的基础，其主观能动性则是社会历史规律灵活性的基础，是社会历史规律与自然规律相区别的基础。

马克思将道德作为人类社会实践的主要方式之一。马克思说：“整体，当它在头脑中作为思想整体而出现时，是思维着的头脑的产物，这个头脑用它所专有的方式掌握世界，而这种方式是不同于对于世界的艺术精神的，宗教精神的，实践精神的掌握的。”③ 马克思在这里强调的人类把握世界的方式也就是人类社会实践的方式，包括科学、艺术、宗教和道德，所谓专有的掌握世界的方式，指的是科学，而实践精神指的

---

① 马克思恩格斯文集：第8卷．北京：人民出版社，2009：25.

② 马克思恩格斯文集：第2卷．北京：人民出版社，2009：592.

③ 同①.

就是道德。每一种把握世界的方式都是主观能动性与客观规律性的对立统一，在不同的把握世界的方式中，发挥主观价值导向作用与尊重客观规律的地位和作用都不同。对世界科学的把握更注重尊重客观规律，艺术、宗教和道德则是对世界的价值把握，主观价值导向的作用更大。所以，马克思既重视道德的科学认知性，又反对将道德科学化，既反对用完全实证主义的态度去认识社会道德现象，也反对忽视实证主义方法的重要性，强调对社会道德现象的把握应坚持事实把握与价值把握统一的原则。对此，恩格斯和列宁都表示了同样的观点。一方面，恩格斯强调："只有当这种生产方式已经走完自身的没落阶段的颇大一段行程时，当它多半已经过时的时候，当它的存在条件大部分已经消失而它的后继者已经在敲门的时候——只有在这个时候，这种越来越不平等的分配，才被认为是非正义的，只有在这个时候，人们才开始从已经过时的事实出发诉诸所谓永恒正义。这种诉诸道德和法的做法，在科学上丝毫不能把我们推向前进；道义上的愤怒，无论多么入情入理，经济科学总不能把它看做证据，而只能看做象征。相反，经济科学的任务在于：证明现在开始显露出来的社会弊病是现存生产方式的必然结果，同时也是这一生产方式快要瓦解的征兆，并且从正在瓦解的经济运动形式内部发现未来的、能够消除这些弊病的、新的生产组织和交换组织的因素。"① 另一方面，恩格斯认为道德的义愤还是赞赏又不是没有意义的，恩格斯说："如果群众的道德意识宣布某一经济事实，如当年的奴隶制或徭役制是不公正的，那么这就证明这一经济事实本身已经过时，另外的经济事实已经出现，由此原来的事实就变得不能忍受和不能维持了。"② 也就是说，人民群众的道德情绪在一定程度上也反映社会经济的事实，道德评价中包含科学的认知因素。列宁也认为"'善'是'对外部现实性的要求'，这就是说，'善'被理解为人的**实践**＝要求和**外部**现实"。道德也是社会实践方式之一，而社会实践既是检验真理的标准，也是"事

① 马克思恩格斯文集：第9卷．北京：人民出版社，2009：156.

② 马克思恩格斯全集：第28卷．2版．北京：人民出版社，2018：215.

物同人所需要它的那一点的联系的实际确定者”①，即事物价值的确定者，道德是真理和价值的统一。马克思在事实与价值的对立统一中把握道德，开创了在科学性与人文性的对立统一中把握社会道德现象的先河，既避免了以往古典哲学家将事实与价值、科学性与人文性混为一谈的弊端，也避免了现代实证主义哲学家将事实与价值、科学性与人文性完全对立的弊端。

总之，从社会实践出发，在主观能动性和客观必然性的对立统一中把握社会道德现象是马克思道德哲学区别于其他道德哲学的突出特点，劳动辩证法是马克思道德哲学的方法论。

三、马克思道德哲学的劳动历史观基础

（一）马克思唯物史观的劳动哲学本质

马克思唯物主义历史观不是将物质本体论贯彻到社会历史领域的结果，而是马克思强调认识人类社会历史，首先要把握社会的本质是实践的，历史是人社会实践的产物，在所有社会实践中物质生产劳动实践是第一社会实践，是一切社会实践的基础、一切社会实践的出发点，所以也是认识世界和社会的出发点。“任何历史记载都应当从这些自然基础以及它们在历史进程中由于人们的活动而发生的变化出发。”② 唯物史观的根本要义就是强调要从物质生产劳动实践出发去认识世界特别是人类社会历史。作为社会历史研究出发点的物质生产劳动实践是具体的历史活动，而不是一般意义上的抽象的物质生产劳动，也就是说对任何社会现象的认识都将其置于物质生产劳动实践的发展史中认识。对此，马克思曾经批评俄国经济学家昂利·施托尔希，因为施托尔希不是历史地考察物质生产活动，不是把物质生产劳动实践当作特定的、历史地发展的和特殊的形式进行考察，而是把物质生产作为一般的物质财富的生产

① 列宁全集：第55卷.2版.北京：人民出版社，1990：183.

② 马克思恩格斯文集：第1卷.北京：人民出版社，2009：519.

来考察，因此就不可避免地失去了理解的基础。马克思也曾经批评李嘉图看待土地问题缺乏历史眼光，没有将土地作为自然历史过程的产物，“李嘉图把纯工业条件造成的那种土地占有形式当成全部历史的‘永恒自然规律’，他就陷入了一切资产阶级经济学所固有的通病。他的理论只是对充分发展的资产阶级社会来说才是正确的。**商业**形式的地租——他唯一谈到的形式——任何地方都再也不存在了。可见，在**不同**历史时期人们耕种的始终是好地而不是坏地这一论断他是丝毫不顾及的。**从历史上来看**，一个时期的**好**地在另一个时期根本不能认为是土地”①。

马克思的唯物史观是物质生产劳动实践本体论在社会生活中的运用，也充分体现了劳动辩证法的思想。法国思想家吕贝尔说：“劳动辩证法的发现给马克思揭开了历史的秘密。”② 以往我们将唯物史观作为物质本体论在社会历史领域的运用，对很多社会历史问题的理解不够准确，将唯物史观理解为劳动哲学，理解为劳动历史观，从具体的物质生产劳动实践出发认识社会历史问题，是对马克思唯物史观更准确的解释。在劳动历史观中，作为社会历史发展基本规律的社会存在决定社会意识，其根本含义不是物质决定意识，而是物质生产实践决定精神生产实践。物质生产劳动实践的进步是人类社会历史发展的根本动力。马克思说：“对社会主义的人来说，**整个所谓世界历史**不外是人通过人的劳动而诞生的过程，是自然界对人来说的生成过程，所以关于他通过自身而**诞生**、关于他的**形成过程**，他有直观的、无可辩驳的证明。”③ 恩格斯也说，他和马克思是“在劳动发展史中找到了理解全部社会史的锁钥的新派别”④。物质生产劳动实践的变化首先引起人们在物质生产劳动中的关系产生变化，生产方式的变化进一步引起人们生活方式的变化，随之就是人们的心理状态和思想观念的变化，包括哲学、道德、艺术和宗教等产生相应的变化。也就是说，包括道德在内的人的所有的心理情

① 马克思恩格斯全集：第 50 卷．北京：人民出版社，1985：419.
② 林进平．马克思主义研究资料：第 35 卷．北京：中央编译出版社，2015：6.
③ 马克思恩格斯文集：第 1 卷．北京：人民出版社，2009：196.
④ 马克思恩格斯文集：第 4 卷．北京：人民出版社，2009：313.

感和思想观念都不是凭空产生的，都是物质生产劳动实践的反映，并伴随着物质生产劳动实践的发展而变化。恩格斯说："根据唯物史观，历史过程中的决定性因素**归根到底**是现实生活的生产和再生产。无论马克思或我都从来没有肯定过比这更多的东西。如果有人在这里加以歪曲，说经济因素是**唯一**决定性的因素，那么他就是把这个命题变成毫无内容的、抽象的、荒诞无稽的空话。"①

（二）马克思劳动哲学中经济与道德的关系

马克思的劳动哲学认为政治、法律、哲学、道德、艺术和宗教等社会意识的发展变化取决于社会经济，其内涵不是物质决定意识在社会历史领域的运用，而是强调社会物质生活决定社会精神生活，人们的思想观念都是在社会物质生活即物质生产劳动实践中形成的，经济与道德的关系当然也不是物质与精神的关系，而是物质生活与精神生活、物质生产劳动实践与精神生产劳动实践之间的关系。

以往很多马克思主义学者因为没有真正把握马克思唯物史观的劳动哲学本质，将马克思唯物史观诠释为物质本体论在社会历史领域的运用，因此将经济与道德的关系视为物质与精神、主观与客观的关系，将社会经济对社会道德的决定作用理解为物质决定精神、客观决定主观，社会道德生活中主体自我选择的能动性作用被低估。而实际上社会经济和社会道德都是社会实践的方式，社会经济发展有客观基础，同时也是主体努力的结果。人的所有实践都不是僵死不变的，世界因此充满活力。物质生产劳动实践对精神生产实践的决定是因为前者是第一社会实践，迄今为止人类不得不将自己的绝大部分精力都倾注于此，人们的思维方式和价值观念大多在物质生产劳动实践中养成，这些思维方式和价值观念指导其他社会实践，由物质生产劳动实践决定的社会物质生活不仅是一切社会生活的基础。也是一切社会生活的核心。社会生活中人与人的矛盾冲突主要是围绕物质利益展开的，道德文化的主要功能也是为

---

① 马克思恩格斯选集：第4卷．3版．北京：人民出版社，2012：604.

了协调人们的物质利益冲突，用于协调人们之间物质利益关系的道德价值取向是与物质生产劳动实践发展的历史阶段相适应的，伴随物质生产劳动实践的发展不断变化。

然而，社会道德生活又是人们通过社会实践不断从外在客观世界约束中获取更多自由的过程。在社会生活中，如果将经济与道德的关系理解为物质与意识、主观与客观的关系，那么就意味着人类永远囿于物质生活的局限，而实际上人的精神生活在社会生活中的地位将不断提高。同时，如果社会道德是由物质决定的，人的主观能动性不能在行为选择中发挥真正的导向作用，那么人生就是被外在因素决定的，每一个人的努力就没有真正意义，人只能接受命运的安排；如果社会道德是由物质决定的，富有的就是高尚的，贫寒的就是邪恶的，或者富贵的就是邪恶的，贫寒的就是高尚的，而实际上人的道德品质往往与其物质生活条件并不必然联系。以往唯物主义在道德哲学上之所以走不出宿命论的悲剧，就是因为它认为物质决定意识，人的生活完全是被外在物质世界决定的；如果社会道德是由物质决定的，那么人的行为不是自觉选择的结果，也就没有理由追究人们的行为责任，也就是说，即使承认外在客观环境的制约，也还要认可人有主观选择的自由，才能确定人为自己的选择负责的理由。

马克思劳动哲学在客观必然性和主观能动性的对立统一中把握经济与社会道德的关系，既为社会道德行为确立了客观基础，为人们科学把握社会道德现象确立了客观依据，也为人们的道德行为确立了主观心理基础，为人们承担道德责任确立了理论依据。

（三）马克思道德哲学中的道德主体

社会存在决定社会意识与人民群众是历史的真正创造者，是马克思唯物史观中两个有着内在必然联系的基本原理，因此，只有准确解释社会存在决定社会意识，才能准确理解人民群众是历史创造者的真正内涵。以往有些马克思主义学者将社会存在决定社会意识诠释为物质决定意识在社会历史领域的运用，因此，在诠释人民群众是历史的真正创造者的时候，将人民群众解释为劳动人民，而且进一步将劳动人民定义为物质生产劳动者也就是体力劳动者。直接的物质生产劳动是整个社会存在的基础，所以体力劳动者创造社会能够延续的物质基础，其社会历史作用当然不能泯灭。但是，如果我们强调的创造历史是引领人类社会进步而不只是维持社会延续，那么人民群众的内涵就需要进一步诠释，也就是说体力劳动者的工作主要是为社会延续存在提供了物质基础，而并不一定能够做到推动社会历史不断进步。物质生产劳动实践是人类社会历史发展的最终动力源泉，因此，尽管体力劳动者在社会历史存在中的作用不可否认，但是真正决定历史发展的应该是掌控整个社会物质生产劳动的社会阶层。能够认清物质生产劳动实践发展方向的阶层才能把握整个社会历史的发展方向，才能引领人类社会不断进步，换句话说，生产力是历史的最终决定力量，只有先进生产力的代表者才能把握社会历史发展方向，引领社会不断进步。劳动工具是物质生产劳动实践水平的主要标志，劳动工具的制作、改进、占有、管理决定物质生产劳动实践的发展水平和发展方向，同时也决定了物质生产劳动实践中人与人之间的相互关系。因此，掌握先进劳动工具制作以及技术改进的社会阶层将逐渐控制物质生产劳动过程并占有劳动工具，进而在社会物质财富分配中居于主导地位，进而主导社会历史的发展方向。如果社会存在决定社会意识就是物质决定意识在社会生活中的应用，那么人类社会历史就是被外在物质世界决定的，不是人创造的，人仍然只是自然世界的一部分。马克思的劳动历史观承认人是自然界的一部分，但是更强调自然界是人类社会的一部分，自然是纳入人类历史的自然，是人化的自然。

以马克思劳动历史观审视人类社会道德进步的过程，我们不难得出以下结论。首先，人类社会道德演化的历史是一个伴随物质生产劳动实践不断发展变化的过程，而不是像某些道德哲学家所说的人类社会道德的历史是一个不断堕落的历史或者没有发展变化的历史。其次，物质生产劳动实践的发展变化是推动社会道德不断进步的根本社会原因。再次，人类社会道德伴随物质生产劳动实践不断发展变化的过程，是物质生产实践决定精神生产实践的过程，代表先进生产力的社会阶层在物质生产劳动实践中占据主导地位，因此在社会精神生产中也占据主导地位，它们是整个社会历史真正的创造者，是社会历史真正的主人，也是推动社会道德不断进步的真正主体。最后，在不同历史时期，道德进步的主体表现为不同的社会阶层。从原始社会向奴隶社会的过渡是人类社会道德根本性的进步，因为私有制的诞生，个人通过对物的占有获得了独立性，开启了人类摆脱原始的人与人相依附的生存状态的社会，脑力劳动和体力劳动的分工，也为社会道德文化创造的职业化奠定了社会基础。在这个过程中，是原始贵族和后来的奴隶主阶级发挥了主导作用。奴隶社会达到顶峰以后，产生了新兴地主阶级，它们是新的生产力和生产关系的代表，推动了社会从奴隶社会向封建社会过渡，也是新的封建道德文化的真正创造者。封建社会后期，新兴的市民阶层推动了市场经济的发展，创立了资本主义社会以及资本主义道德文化，在资本主义社会，无产阶级作为劳动者阶级第一次成为先进生产力和新生产关系的代表，无产阶级创造的无产阶级道德是未来社会主义社会道德文化的基础。

四、马克思道德哲学的劳动人道主义价值论基础

马克思的劳动哲学不像很多西方马克思主义者理解的那样是实证科学，而是同时兼具科学实证性和人文性的思想体系。马克思从物质生产劳动实践出发考察人类社会历史，提出了独具特色的价值哲学思想。马克思认为人类的社会实践既是对世界的事实把握，也是对世界的价值把握。不论是对世界的事实把握还是对世界的价值把握，都是社会实践特有的表现形式。科学、道德、艺术和宗教是人类社会实践的主要方式，科学对世界的把握主要是实证性的，而道德、艺术和宗教对世界的把握则是价值性的。不论是道德的还是艺术和宗教的价值，都是社会实践及其结果，都是对社会生活的反映，主要是社会物质生活的反映，物质生产劳动实践是一切价值产生的基础和源泉。马克思说："劳动是劳动本身的非**对象化的**存在，因而是劳动本身的非对象的，也就是主体的存

在。劳动不是作为对象，而是作为活动存在；不是作为**价值**本身，而是作为价值的**活的源泉**存在。”① 因此，没有完全脱离社会生活的抽象的价值观念，价值观念的内涵都是由具体社会生活赋予的，人们抽象的价值观念都是对基于社会生活的具体价值观念的理性概括而已。

（一）道德价值追求基于社会实践中个人与社会的平衡

道德究其本质是人类为了自我实现创造的和谐稳定社会的文化机制，道德价值的根本追求在于创造个人自我实现的外在环境，人的自我实现或者说自由发展是包括道德在内的所有社会实践的根本价值旨归，社会是人自我实现或自由发展的唯一方式，为了自由人又不得不自我约束，因此，个人利益与他人利益和社会利益的关系问题始终是社会道德的核心问题和根本问题，道德哲学家因为对个人利益和社会利益的偏重不同，形成了个人主义和社群主义等不同乃至相互对立的观点。

马克思基于劳动哲学的道德哲学不同于以往道德哲学家，他既反对个人主义也不赞同社群主义。马克思认为个人在多大程度上需要约束自己的愿望维护社会和谐，或者是社会组织能够给予社会成员多大程度的权利，不是一个可以在经院哲学范畴中可以解决的问题，不是一个抽象的理论问题，而是一个实践问题，道德价值观念差异的根源在社会生活中。个人与社会、个人利益与社会利益之间结合的平衡点是由物质生产劳动实践的发展水平决定的，道德问题只有置于物质生产劳动实践发展史中才能揭示问题的本质。道德哲学中个人主义和社群主义既是同一历史时期人们道德价值观念的差异，也是不同历史时期个人和社会整体关系的反映，都是社会成员谋求自我生存需要的物质条件的方式和手段。马克思、恩格斯说：“共产主义者既不拿利己主义来反对自我牺牲，也不拿自我牺牲来反对利己主义，理论上既不是从那情感的形式，也不是从那夸张的思想形式去领会这个对立，而是在于揭示这个对立的物质根源，随着物质根源的消失，这种对立自然而然也就消灭。共产主义者根

---

① 马克思恩格斯全集：第30卷．2版．北京：人民出版社，1995：253.

本不进行任何道德说教，施蒂纳却大量地进行道德的说教。共产主义者不向人们提出道德上的要求，例如你们应该彼此互爱呀，不要做利己主义者呀等等；相反，他们清楚地知道，无论利己主义还是自我牺牲，都是一定条件下个人自我实现的一种必要形式。”① 马克思揭示了道德价值观念差异的社会根源，道德价值观念的对立是社会物质生活的反映，不同的道德价值观念都是不同历史时期个人自我实现的必要形式，道德价值观念冲突的解决不是一个思想斗争的过程，社会根本道德冲突的化解取决于物质生产劳动实践的发展变化。

人类早期社会是人与人相依赖的社会，由于物质生产劳动实践水平低，个人完全淹没在社会整体生存中，原始道德将氏族部落的整体利益作为绝对的价值追求，血亲复仇是原始道德的典型表现。私有制社会以后，人类进入因对物的依赖性获得独立的时期，个人价值获得了社会物质基础，尽管某些人的自由获取以更多人自由的被损害为前提，这仍然是人类社会道德的重大进步，是人类进入文明社会的标志。但是由于物质生产劳动实践水平还不够高，人与人的依附关系还没有真正解脱。进入资本主义社会以后，社会物质生产力的进一步发展才为个人自由创造了更加丰富的物质条件。资本主义市场经济发展使个人成为真正独立的社会主体，个人的自我实现和自由得到了更多的社会保障。同时，伴随人身依附关系的解除，人与人之间温情脉脉的血缘亲情乃至于基本的同情心也受到根本冲击，由于对物质财富的占有成为个人自我实现的根本方式，人与人之间的关系完全淹没在利己主义的冰水中，心理的寂寞和孤独成为典型的现代社会病。人们生活在摩肩接踵的都市，仿佛生活在人迹罕至的荒岛，因此，马克思认为鲁滨孙这类故事不只是文学家的浪漫幻想，也是社会现实生活的反映，“是对于 16 世纪以来就作了准备、而在 18 世纪大踏步走向成熟的‘市民社会’的预感。在这个自由竞争的社会里，单个的人表现为摆脱了自然联系等等，而在过去的历史时代，自然联系等等使他成为一定的狭隘人群的附属物。这种 18 世纪的

① 马克思恩格斯全集：第 3 卷．北京：人民出版社，1960：275.

个人，一方面是封建社会形式解体的产物，另一方面是16世纪以来新兴生产力的产物，而在18世纪的预言家看来（斯密和李嘉图还完全以这些预言家为依据），这种个人是曾在过去存在过的理想；在他们看来，这种个人不是历史的结果，而是历史的起点。因为按照他们关于人性的观念，这种合乎自然的个人并不是从历史中产生的，而是由自然造成的。这样的错觉是到现在为止的每个新时代所具有的”[①]。资产阶级经济学、政治学和法学家把这种人性当成人固有的本性，以为人从来如此，并将其作为学术研究的出发点，他们忽略了这样的人性是资本主义社会特有的，而非人固有的本性。

资本主义市场经济为个人自由和个性解放提供了经济基础，个人主义道德价值观念也成为资本主义社会制度的伦理道德基础。从洛克到诺奇克，从斯密到哈耶克再到弗里德曼，个人主义不仅是资本主义经济、政治和法律制度的道德价值观念基础，也是资产阶级经济学、政治学和法学的主导价值观。美国自由主义哲学家诺奇克说：“并不存在拥有利益的社会实体，这种社会实体能够为了自己的利益而承受某些牺牲。存在的只有个体的人，具有他们自己个别生命的不同个体的人。”[②] 美国经济学家弗里德曼甚至认为企业家的任何慈善行为都是错误的，因为这伤害股东个人利益。弗里德曼说：“公司领导人接受了尽可能为自己的股东牟利以外的社会责任是一种时尚，而很少有风尚能比这一风尚更能彻底地损害我们自由社会的基础。”[③] 一方面，马克思认为个人主义是资本主义生产方式的产物，具有社会历史必然性；另一方面，马克思也反对将个人主义作为绝对的价值理念，马克思认为个人与社会组织都是社会实体，都是利益主体。个人与社会、个人利益与社会利益都是辩证统一的关系，马克思反对将个人利益凌驾于社会利益之上，拒绝接受资产阶级天赋人权的理论，主张所有权利都不是抽象的，是社会物质生产方式的反映，其产生具有客观物质基础，具有历史必然性，同时，伴随

---

① 马克思恩格斯文集：第8卷．北京：人民出版社，2009：5-6.

② 诺奇克．无政府、国家和乌托邦．北京：中国社会科学出版社，2008：39.

③ 弗里德曼．资本主义与自由．北京：商务印书馆，1986：128.

物质生产劳动实践的发展被人们扬弃也是其不可避免的命运。马克思也反对将社会利益完全凌驾于个人利益之上，强调应该基于物质生产劳动实践发展水平确定个人利益和社会利益合理性的界限。

未来社会物质生产劳动实践水平极大程度提高，人将超越对物的依赖性而获得个人独立，实现真正的个人的自由。未来的理想社会即共产主义社会是人的自由全面发展的社会，个人成为全面发展的个人。马克思说："全面发展的个人——他们的社会关系作为他们自己的共同的关系，也是服从于他们自己的共同的控制的——不是自然的产物，而是历史的产物。要使**这种**个性成为可能，能力的发展就要达到一定的程度和全面性，这正是以建立在交换价值基础上的生产为前提的，这种生产才在产生出个人同自己和同别人相异化的普遍性的同时，也产生出个人关系和个人能力的普遍性和全面性。在发展的早期阶段，单个人显得比较全面，那正是因为他还没有造成自己丰富的关系，并且还没有使这种关系作为独立于他自身之外的社会权力和社会关系同他自己相对立。留恋那种原始的丰富，是可笑的，相信必须停留在那种完全的空虚化之中，也是可笑的。资产阶级的观点从来没有超出同这种浪漫主义观点的对立，因此这种浪漫主义观点将作为合理的对立面伴随资产阶级观点一同升入天堂。"①

（二）真正的道德自由在于主体愿望在社会实践中变成现实

马克思基于劳动哲学的道德哲学从物质生产劳动实践出发把握社会道德现象，认为人类社会道德是伴随物质生产劳动实践不断进步的过程，将人在社会生活特别是在社会物质生活中的自由作为衡量社会道德进步的根本尺度，将物质生产劳动自由作为一切自由的基础，将人类社会生存的理想状态称为人的自由全面发展的社会，也就是共产主义社会。

黑格尔以前的大多数哲学家把自由理解为人做自己想做的事情，自

① 马克思恩格斯文集：第8卷．北京：人民出版社，2009：56-57.

由被理解为没有限制的绝对自由，黑格尔将辩证法引入人类对自由的认识，把自由阐释为对必然的认识，使人类对自由的认识有了根本性进步。在扬弃黑格尔自由思想的基础上，马克思强调从社会实践出发把握自由，强调自由不仅是对必然的认识，而且是人的目的在社会实践中变成现实。恩格斯说："黑格尔第一个正确地叙述了自由和必然的关系。在他看来，自由是对必然的认识。'必然只有在它没有被理解时才是盲目的。'自由不在于幻想中摆脱自然规律而独立，而在于认识这些规律，从而能够有计划地使自然规律为一定的目的服务。这无论对外部自然的规律，或对支配人本身的肉体存在和精神存在的规律来说，都是一样的。"① 物质生产劳动实践是第一社会实践，因此，劳动目的的实现即劳动自由是一切自由的基础，人与自然矛盾的解决是解决人与社会矛盾的前提和基础，人们的道德自由必须建构在劳动自由的基础上。马克思说："事实上，自由王国只是在必要性和外在目的规定要做的劳动终止的地方才开始；因而按照事物的本性来说，它存在于真正物质生产领域的彼岸。像野蛮人为了满足自己的需要，为了维持和再生产自己的生命，必须与自然搏斗一样，文明人也必须这样做；而且在一切社会形式中，在一切可能的生产方式中，他都必须这样做。这个自然必然性的王国会随着人的发展而扩大，因为需要会扩大。"②

因此，马克思基于劳动哲学的道德哲学认为，人的道德自由不是抽象的，是与具体的社会历史发展阶段相适应的，任何人都不能享有超越社会历史阶段的自由。马克思认为人与人、人与社会矛盾的解决依赖于人与自然矛盾的解决，社会整体的自由状态建构在物质生产劳动实践发展的水平之上。在社会生活中，道德自由是社会赋予社会成员的道德权利，是人在人与社会、人与人的相互关系中，主观愿望能够转变为客观现实的程度。在不同的物质生产劳动实践水平上，社会为社会成员确定的自由界限是不同的，为社会成员提供道德自由的依据也是不同的。资

① 马克思恩格斯文集：第9卷．北京：人民出版社，2009：120.

② 马克思恩格斯文集：第7卷．北京：人民出版社，2009：928.

本主义社会将社会成员占有物质财富的权利作为认定社会道德自由权的核心和根本，将个人财产私有权作为人权的基本构成因素和主要表现方式，而且将个人财产私有权作为社会权利再分配的依据，马克思认为这是资本主义物资生产方式的反映，具有历史必然性和合理性，但是伴随物质生产方式的进一步发展，将私有财产作为社会道德自由基础的观念必将丧失历史必然性和合理性。资产阶级经济学家、政治学家和法学家所强调的作为资本主义社会制度建构基础的私有财产权并不像他们所说的那样是天赋人权，具有天然合理性，私有财产权本身的合理性还需要进一步论证。马克思强调资本家的物质财富是无偿占有工人的剩余价值得到的，是剥削工人的结果，因此必须废除资本主义制度。劳动自由是实现道德自由的基础。在物质财富不够丰富的情况下，应该首先建设一个按照人们对物质财富生产所提供的劳动来进行社会权利分配的社会，人们享有的道德自由度取决于其劳动贡献。等到物质生产劳动实践足够发达的时候，才能超越基于劳动贡献量的自由，实现真正的道德自由。

（三）正义和平等的内涵及状态都取决于物质生产劳动实践的水平

正义和平等是现代社会道德的基本价值观念。马克思基于劳动哲学的道德哲学从物质生产劳动实践出发，批判了资产阶级的抽象正义和绝对平等观念，赋予了正义和平等等道德价值观念新的内涵。

马克思基于劳动哲学的道德哲学认为，正义和平等等道德价值观念主要是物质生产劳动实践的反映，并伴随物质生产劳动实践的发展不断变化。永恒的正义和平等观念是“从对人类历史发展的观察中抽象出来的最一般的结果的综合”①，是通过对社会生活中具体正义和平等观念的概括、归纳而抽象形成的关于正义和平等的理想观念，是主观的、精神性的，而不是现实的、历史的和客观的。“作为纯粹观念，平等和自由仅仅是交换价值的交换的一种理想化的表现。”②

---

① 马克思恩格斯全集：第 3 卷．北京：人民出版社，1960：31.

② 马克思恩格斯全集：第 46 卷上．北京：人民出版社，1979：197.

不同的平等、正义观念是不同社会物质生产劳动实践的反映，物质生产劳动实践不同的方式决定平等、正义等道德观念的具体内涵。恩格斯说："任何一个人，只要把历史看做一个有联系的，尽管常常有矛盾的发展过程，而不是看做仅仅是愚蠢和残暴的杂乱堆积，像十八世纪人们所做的那样，首先会对这些问题的研究感兴趣。马克思了解古代奴隶主，中世纪封建主等等的历史必然性，因而了解他们的历史正当性，承认他们在一定限度的历史时期内是人类发展的杠杆；因而马克思也承认剥削，即占有他人劳动产品的暂时的历史正当性；但他同时证明，这种历史的正当性现在不仅消失了，而且剥削不论以什么形式继续保存下去，已经日益愈来愈妨碍而不是促进社会的发展，并使之卷入愈来愈激烈的冲突中。"① 正义和平等等道德价值观念具有鲜明的历史性，但是不同时期的物质生产劳动实践有差异性也有共性，抽象的正义和平等等道德价值观念是对物质生产劳动实践共性的反映，同时，这些抽象出来的正义和平等等道德价值观念也是人类道德文明的积淀，昭示着文明的发展方向。因此，对待正义和平等等道德价值观念要有辩证态度，既不能忽视其历史性，也不能忽视其抽象性。

马克思强调对待资产阶级的正义和平等等道德观念也必须进行辩证分析。一方面，要认识到资产阶级道德价值观念产生的历史必然性，另一方面也要认识到其历史局限性。资产阶级的正义和平等等道德观念首先是资本主义市场经济的产物，而资本主义市场经济是人类物质生产劳动实践发展到特定历史时期必然具有的表现方式，因此，资产阶级的正义和平等等道德观念也具有历史必然性和道德合理性。马克思说："如果说经济形式，交换，确立了主体之间的全面平等，那么内容，即促使人们去进行交换的个人材料和物质材料，则确立了**自由**。可见，平等和自由不仅在以交换价值为基础的交换中受到尊重，而且交换价值的交换是一切**平等**和**自由**的生产的、现实的基础。"② 马克思还说："流通中发

---

① 马克思恩格斯全集：第 21 卷．北京：人民出版社，1965：557－558.

② 马克思恩格斯全集：第 46 卷上．北京：人民出版社，1979：197.

展起来的交换价值过程，不但尊重自由和平等，而且自由和平等是它的产物；它是自由和平等的现实基础。作为纯粹观念，自由和平等是交换价值过程的各种要素的一种理想化的表现；作为在法律的、政治的和社会的关系上发展了的东西，自由和平等不过是另一次方上的再生产物而已。这样情况也已为历史所证实。建立在这一基础上的所有权、自由和平等的三位一体，不仅在理论上首先是由十七和十八世纪的意大利的、英国的和法国的经济学家们加以论述的。而且这种三位一体也只是在现代的资产阶级社会中才得到实现。”①

在物质生产资料私有制社会中，统治者占有生产资料，他们利用自己在社会物质生活中的优势地位，向全社会灌输他们的道德价值观念，在大多数历史时期，拥有财富的多寡成为社会地位的标志，同时也成为分配社会权利和自由的尺度。马克思认为人应该是平等的，每一个人的生活需要都应该得到满足，所以，最理想的社会应该实行按需分配，在物质生产劳动实践不够发达、不能满足按需分配的时候，按照对物质财富创造的贡献分配即按劳分配则是最公平合理的分配方式。私有制社会主要依据物质生产资料进行分配，是物质生产劳动实践发展水平的要求，也具有历史必然性和道德合理性。伴随物质生产劳动实践的发展，资本主义分配方式以及资产阶级的正义和平等等观念的道德不合理性将不断暴露，其历史必然性不断丧失。消灭私有制，由按照劳动资料所有权分配过渡到按劳分配，最后实现按需分配，是历史发展的必然趋势，同时也是人类道德理想的最终归宿。

结　语

马克思认为道德不是超自然力量的赐予，也不是主观精神的随意创造，道德是人类社会物质生产劳动实践发展到一定阶段的产物。道德伴随物质生产劳动的发展不断发展变化，不存在抽象的、固定不变的道

① 马克思恩格斯全集：第46卷下．北京：人民出版社，1980：477.

德。究其本质而言，道德是协调个人自我实现与社会关系的社会实践方式，个人利益、他人利益和社会整体利益的最佳结合点就是真正的善，这不是一个抽象的理论问题，而是一个实践的问题，这个结合点取决于物质生产劳动水平实践的发展水平。道德不是社会生活的决定性力量，不是人们的道德观念决定社会生活，而是社会生活特别是社会物质生活决定人们的道德观念。

体面劳动与美好生活的伦理澄明*

王　艳　韦　佳**

摘　要：体面劳动作为自由自主自觉的劳动观念，意涵着人格尊严的自我肯认和他人承认的有机统一，是新时代美好生活的伦理底蕴；美好生活作为物质富足、精神富有的生活理念，蕴含着物的全面丰富和人的全面发展的内在要求，是新时代体面劳动的伦理追求。体面劳动和美好生活的伦理互蕴，要求在加强劳动精神的教育塑造、完善劳动权利的制度保障、坚定劳动目标的共富方向的伦理实践中促进美好生活的创造。

关键词：体面劳动　美好生活　伦理澄明

"体面劳动"（Decent work）作为一个概念被提出始于1999年第87届国际劳工大会，旨在"促进男女在自由、公正、安全和具有人的尊严的条件下，获得体面的、生产性的工作机会"①。这一界定基本奠定了学界关于"体面劳动"理解的基调，即在"条件"的框架内展开了关于"体面"应有之义的探讨，包括劳动权利的保护、劳动收入的保证、劳动条件的保障等，在推进劳动条件改善的同时也提升了作为劳动主体的

---

*　本文系安徽省高校省级质量工程重大教学研究项目"新时代高校劳动教育体系构建研究"（2021jyxm0493）的阶段性成果。

**　王艳，安徽师范大学马克思主义学院教授、博士生导师；韦佳，安徽师范大学马克思主义学院马克思主义理论专业本科生。

①　International Labour Office. What it is. What it does. International Labour Office, 1999.

劳动者的权益意识，尤其是在“人民对美好生活的向往，就是我们的奋斗目标”[①] 的昭示中，他们普遍把体面劳动作为美好生活的题中之义。应当说，“条件”的满足确实是体面劳动的必备要件、前提基础，但这并不是体面劳动的充要条件，也不是美好生活的全部要义。究其根本，“体面”和“美好”是一个富含伦理意蕴，并和劳动主体的精神世界密切相关的概念，抽离了伦理性的内涵规定，“体面劳动”与“美好生活”就变成了单一的由物质说明的概念，这不仅不符合其概念本身，也不符合我们的实践体验。面对新时代我国社会人民日益增长的美好生活需要和不平衡不充分的发展之间的主要矛盾，我们有必要澄清和明晰“体面劳动”与“美好生活”的伦理意蕴，以引领劳动主体正确看待“体面劳动”和追求“美好生活”，提升幸福感。

一、“体面劳动”与“美好生活”的伦理意蕴

在“完成脱贫攻坚、全面建成小康社会的历史任务”的今天，吃饱穿暖等物质层面的需求已然得到了解决，随之而来的是对彰显人之价值和意义的精神层面的需求，既集中体现为对“美好生活”的要求，也散见于对创造美好生活的“体面劳动”的要求。囿于物质的匮乏，人们习惯于通过对“物”的占有来表达对“美好生活”与“体面劳动”的理解，这固然较为重要，但拘泥于此不免陷入以物的依赖性为基础的窠臼，从根本上偏离了马克思所说的人的全面自由发展。因此，从伦理的角度澄清“体面劳动”与“美好生活”的意蕴是追求“体面劳动”与“美好生活”的思想前提。

（一）“体面劳动”的伦理意蕴

“体面劳动”自1999年基于改进劳动者权益的诉求被提出以来，基本上就形成了具有权利论倾向的劳动观主张。但权利与体面之间并不能

① 十八大以来重要文献选编：上．北京：中央文献出版社，2014：69.

画等号，权利是一项客观事实，体面是一种主观感受，权利提供了体面的可能，主体是否因此而体面却要依赖于其与他者的互动。即是说，作为主观感受的体面，并不依赖于个体自我的主观感受，而是取决于个体自我的主观感受能否为他者所承认。一言以蔽之，体面是一个评价概念，发生于评价主体与评价客体之间，是评价主体的承认和评价客体的肯认有机统一的概念。其中任何一方无视对方的态度而发表的体面看法，都只是一种看法而已。究其根本，体面是表征个体于关系中存在样态的概念，所谓权利、自由、公正和尊严的指向都需要在关系中被确认才能被激活和赋能，否则就有“孤芳自赏”或“虚荣心”的嫌疑。有鉴于此，黑格尔才说：“个人主观地规定为自由的权利，只有在个人属于伦理性的现实时，才能得到实现，因为只有在这种客观性中，个人对自己自由的确信才具有真理性，也只有在伦理中个人才实际上占有他本身的实质和他内在的普遍性。”① 也就是说，构成体面劳动之意涵的权利、自由、公正和尊严这些美好的价值要想具有现实性和真理性，就不能只是偏安一隅的主观表达，它们必须在自我和他人构成的关系共体中被共同确认，即个体肯认的主张亦被他人承认，我的权利构成他人的义务，在权利和义务的同一中，体面劳动才找到了切实的承诺。这样的“体面”的词义在《现代汉语词典》中可以同样得到印证：作为名词时的“身份；体统”之意较好地表达了“关系”的意蕴，作为形容词时的“光荣；光彩”之意则表征了“关系”的肯认。

在“体面劳动”需要被承认的要素中，尊严无疑具有基础性的地位，它是其他价值派生的根源。这既和人之为人的内在规定有关，也和劳动之于人的价值意义有关。进入新时代，劳动不再只是人谋生的手段，更成为彰显和确证人的尊严的方式。何谓尊严，一直以来，学界聚讼不已，但不影响其基本共识的达成，即自由自主自觉的主体性。反映在“体面劳动”中，一方面，劳动主体的劳动应该是主体基于自由自主自觉的主动选择，是一种对自我的成全和成就，而不应是被逼无奈之

① 黑格尔．法哲学原理．北京：商务印书馆，1961：172.

举；另一方面，劳动主体之自由自主自觉的主体性实现程度，并不由主体来决定，而是受制于社会发展的客观条件，在此前提下，劳动主体可以按照自己的意志，自由自主自觉地发展自己、完善自己，这种形塑自己的要求是应该被承认和尊重的意愿。能够满足这两方面的考量，应该说劳动主体就具备了获得尊严的客观条件。在我国，这份客观条件在权利平等、机会均等、制度公正及分配公平中得到了切实保障，但正如前文所说，“体面”需要在关系中被确认，这意味着作为体面要素的尊严同样需要在关系中被承认。即是说，除了具备客观条件外，它还需要具备主观条件，即所谓的自由自主自觉并不等于放任自我，这些看上去充满主观性的属性必须内含着对他人和社会的考量，才有被承认的可能，才有现实化的可能。如果把劳动主体的自由自主自觉看作自尊的表现，那么其所内含的对他人和社会的考量即是他尊的表现，在自尊和他尊、自我肯认和他人承认的有机统一中，“体面劳动”才能够真正展现出伦理的意蕴，才能够真正促进人的全面发展。也正是在这个意义上，习近平总书记才强调：“努力让劳动者实现体面劳动、全面发展。”①

（二）“美好生活”的伦理意蕴

作为一个特指概念，“美好生活”是随着新时代我国社会主要矛盾的转变而提出的。其一经提出，学界就给予了广泛关注，从理论基础、现实依据、基本内涵、构成要素、主要特征、实现路径等不同层面展开了较为系统的研究，其中包括从伦理视角对“美好生活”的要义进行的阐发，如立足于人与己、人与人、人与自然的关系探讨了和谐，着眼于消费、分配、发展等面向探讨了公正，聚焦于网络、生态、经济等领域探讨了文明。这些诠释丰富了对“美好生活”的整体认识，但总的来看，多是较为宏观的研究，缺少微观层面的思考。从根本上来说，“美好生活”终归要诉诸劳动主体的认同及奋斗，因而植根于劳动主体自身

① 习近平．在庆祝“五一”国际劳动节暨表彰全国劳动模范和先进工作者大会上的讲话．人民日报，2015－04－29（2）．

的伦理要求就成为“美好生活”的重要意蕴。

“美好生活”是在从“物质文化需要”到“美好生活需要”的升级换代中出场的概念，这为理解“美好生活”提供了重要的参照。进入新时代，我们完成了脱贫攻坚，消除了绝对贫困，实现了全面建成小康社会的历史任务，因而所谓的“美好生活”不仅包含有“物质文化需要”之意，更内含有超越“物质文化需要”即对“精神文化需要”的追求之意。这在党的二十大报告中亦有明确的体现，即“物质富足、精神富有是社会主义现代化的根本要求。物质贫困不是社会主义，精神贫乏也不是社会主义。……促进物的全面丰富和人的全面发展”。应当说，其中“两富”“两全面”的表述不仅精确地指出了中国式现代化的特征，也准确地指明了“美好生活”的核心要义。所谓“美好”，从词源学角度来看，乃是由“美”与“好”组合而成。作为会意字的“美”，像戴着头饰站立的人，意指好看、漂亮，其后引申为既可以表示具体事物的美好，还可以表示抽象意义的美德；作为会意字的“好”，和“美”同义，在《说文解字》中即被以“美也”来注释，因而“美好”是一个由“美”主导的同义联合词。反映在“美好生活”中，就既应该包含有对“头饰”之类事物的肯定，也应该蕴含着对“修饰”之类行为的养成；“头饰”不外乎是物质生活及其条件的创造，相应地，“修饰”则是对精神生活及其境界的追求。虽然物质条件是基础，在归根到底的意义上决定着精神生活，但历史地看，精神生活从来都不是处于完全被动的地位，其以主体的能动性不断突破和彰显出主体对有限物质条件的超越，所谓“志士不饮盗泉之水，廉者不受嗟来之食”。所以，精神生活不仅不只是处于被决定的地位，而且反过来以价值指引的方式不断追问和考问我们追求与创造物质生活的初心，在警醒我们免于物欲沉溺的同时，也提醒我们“美好生活”的应有之义。一方面，“美好生活”之“美好”就在于其实现方式之“美”，即通过劳动实践来创造，通过劳动者的辛勤劳动、诚实劳动来铸就。正如习近平总书记所说，“劳动是财富的源泉，也是幸福的源泉”，“必须牢固树立劳动最光荣、劳动最崇高、劳动最伟大、劳动最美丽的观念，让全体人民进一步焕发劳动热情、释放创造潜能，通过劳动创造更加美好的生活”①，唯有劳动才有人民的幸福生活，才有民族的伟大复兴。另一方面，“美好生活”之“美好”就在于其诉求结果之“美”，即通过劳动者的崇尚劳动、热爱劳动来实现自我的自由全面发展，在这之中，劳动充分地展示出其作为人类本质活动的内在属性，既规定了人之本质，也指明了人之本质彰显的道路，“一切劳动者，只要肯学肯干肯钻研，练就一身真本领，掌握一手好技术，就能立足岗位成长成才，就都能在劳动中发现广阔的天地，在劳动中体现价值、展现风采、感受快乐”②，概而言之，劳动成为一种需要，一种美好生活的需要，一种成就个体自由全面发展的需要。

二、“体面劳动”与“美好生活”的伦理互蕴

基于“体面劳动”对“尊严”、“美好生活”对“劳动”的强调，不难发现，在劳动—体面劳动—尊严—自由全面发展—美好生活—劳动的闭合链中，“体面劳动”与“美好生活”形成了伦理上的相互蕴含。一方面，“体面劳动”蕴含着劳动者有尊严地从事劳动的要求，因而成为“美好生活”的有机构成；另一方面，“美好生活”蕴含着劳动者对实现个体自由全面发展的要求，因而成就于“体面劳动”的有效开展。

（一）“体面劳动”寓于“美好生活”

“劳动是人类的本质活动”③，因而美好生活之“美好”，即是建立在人的本质力量得以彰显的前提之上的。这意味着，“美好”之源需要追溯到人本身及作为人的存在方式的劳动。体面劳动本身的质的规定构成了“美好生活”的具体内容。

其一，“美好生活”蕴含“体面劳动”的诉求。针对劳动的效用，

---

① 习近平谈治国理政：第1卷．北京：外文出版社，2014：46.

② 习近平．在庆祝“五一”国际劳动节暨表彰全国劳动模范和先进工作者大会上的讲话．人民日报，2015-04-29（2）.

③ 同②.

马克思曾指出：“**整个所谓世界历史**不外是人通过人的劳动而诞生的过程。”① 即是说，劳动创造了人本身、创造了人类社会，并将继续创造着真正的属人的生活。在这个过程中，一度因生产力的低下、生存条件的恶劣，人类在与自然的搏斗中不论是从物质层面还是从精神层面都难言“体面”；也曾因私有制和阶级的出现，劳动不仅成为劳动人民的“专利”，也成为劳动人民的“苦难”，事实上造成了劳动人民物质上的贫困和精神上的压迫，“体面”更是成为要奋斗争取的目标；随着社会主义公有制的确立，劳动人民当家做主，劳动从沉重的负担转变为自我价值实现的“法宝”，这从根本上改变了劳动的性质，劳动从根本上展示了人的类特性——“自由的有意识的活动”②，从而确保了“体面劳动”的可能。同时，“体面劳动”亦是一个历史概念，随着社会发展及时代变迁，其日益蕴含着对人之为人的本质力量与内在价值彰显的需要，从劳动条件的改进到劳动性质的升级，人的自由全面发展日益成为时代的呼声，成为新时代美好生活的题中之义。

其二，“美好生活”蕴含“体面劳动”的过程。作为“一切社会关系的总和”③，处在生产关系中的劳动者在实现其本质的劳动过程中，容易面临安全、公正、权利等影响其本质力量和内在价值彰显的挑战，这些问题在“体面劳动”中即迎刃而解。体面劳动建立了团结友爱的交往关系、公平公正的生产关系以及平等和谐的劳资关系等，使得劳动者摆脱了精神内耗和物质外耗，实现了劳动过程的和谐向善，满足了人的美好生活的伦理需要。同时，“美好生活”作为一种状态，它并不是一个节点，而是处于一种连续性的过程之中，需要过程性的“美好”伴随。因而，“体面”的劳动过程适应了美好生活的过程性需要，其能够确保劳动者是愉悦的，而不是辛劳的，劳动过程是诚实的，而不是被迫的，劳动者既通过劳动获得个人物质收入和个体人格尊严，也通过劳动创造出美好生活所需要的物质基础和精神动力，从而实现个体和社会的

---

① 马克思恩格斯文集：第1卷．北京：人民出版社，2009：196.

② 同①162.

③ 同①501.

共同“美好”。总的来说，“体面劳动”的劳动过程满足了美好生活的需要，彰显了向善向上的道义力量。

其三，“美好生活”蕴含“体面劳动”的成果。作为历史的发展的概念，“体面劳动”之“体面”的需要是不断创新和升级的，一个阶段的“体面需要”会成为下一个阶段“体面需要”的基础，而需要的发展是“人的本质力量的新的证明和人的本质的新的充实”①，所以“体面需要”的接力性发展背后即是人的本质及其力量不断彰显的过程，因而“体面劳动”的成果本身即构成了“美好生活”的核心要义。尤其随着经济社会快速发展和劳动成果不断丰富，人们不再局限于对温饱类生存性需要的满足，而开始追求多层次和多样化的发展性需要的满足，诸如“社会安全、社会公正、社会保障等的社会性需要及获得尊重、自我实现、追求信仰等的心理性需要”②。这对劳动生产实践提出了更高的要求，即在推进社会全面发展进步的同时要实现劳动者与之相适应的体面劳动的要求。在体面劳动中，劳动成果产生于劳动者的内生需要，由劳动者主动创造、全社会共同享用，在让每一个劳动主体本质力量彰显的同时，也激发了劳动者的创造活力，增强了劳动者对劳动成果的自豪感和荣誉感，提升了美好生活的获得感。因此，体面劳动的成果适应了美好生活的发展需要，实现了新时代人们对美好生活需要的满足。

(二)“美好生活”成于“体面劳动”

在新时代的语境中，“美好生活”是一个涵容物质富足和精神富有的概念。从概念描绘到现实兑现，需要通过劳动来实现，但单讲劳动是不够的，必须蕴含着“体面”劳动的要求，才能够体现“美好生活”的内在规定。换言之，“美好生活”成于“体面劳动”，“体面劳动”创造“美好生活”，一方面体现为创造“体面”的生活，即劳动者因体面劳动而得到物质需要的满足，社会生活因体面劳动而实现普遍的“美好”；

---

① 马克思恩格斯全集：第3卷.2版.北京：人民出版社，2002：339.

② 何星亮.不断满足人民日益增长的美好生活需要.人民日报，2017-11-14（7）.

另一方面体现为创造生活的“体面”，即劳动者有关怀、有保障，在劳动过程中有尊严、有快乐，在劳动结果上有发展、有享受。

具体来说，“体面”的劳动创造“体面”的生活，其重点在于外在物质生活的“保障”。马克思指出：“人们为了能够‘创造历史’，必须能够生活。但是为了生活，首先就需要吃喝住穿以及其他一些东西。因此第一个历史活动就是生产满足这些需要的资料，即生产物质生活本身。”① 物质生活资料不仅是人类生存发展的物质基础，也是社会全面发展进步的物质条件，这种外在的、刚性的物质要件只有通过劳动来生产和创造。也正是在劳动的过程中，个体生活和社会生活的物质条件不断改善、日益提升，逐渐形成了学有所教、劳有所得、病有所医、老有所养、住有所居的美好生态局面。同时，需要说明的是，在社会主义条件下，劳动付出即劳动所得，劳动成果与劳动者之间不存在分离的关系，劳动创造的一切财富都由全体人民共享，劳动者是为社会劳动，也是为自己劳动，因而劳动的安全条件、劳动的权利保障、劳动的成果回报这些攸关劳动者物质生活“体面”的因素的实现在很大程度上取决于社会生产力的发展水平，而非人与人之间人为的不平等关系的设定，如在私有制社会里统治阶级对劳动人民的压迫和剥削，即使拥有很高的生产力发展水平，也只能导致劳动者无缘“体面”。即是说，在社会主义公有制条件下，劳动者外在物质生活的“体面”从根本上看需要解放生产力、发展生产力，生产力的水平制约着“体面生活”的实现方式和具体内容。从这一点来说，劳动者“会劳动”“爱劳动”“能劳动”，在辛勤劳动、诚实劳动、创造性劳动过程中付出的劳动，是社会先进生产力发展的动力，有力地促进了全体人民共同富裕。

“体面”的劳动创造生活的“体面”，其重点在于内在精神生活的“体面”。“体面劳动”不仅在于“劳动”，还在于实现劳动的“体面感”，即在劳动过程中自由自主、在劳动结果上公平公正，让劳动者“体面而有尊严地生活”。在劳动过程中，与传统社会高低贵贱的职业分工不同，

---

① 马克思恩格斯文集：第1卷．北京：人民出版社，2009：531.

现代社会秉持职业分工不同、人人平等、自由自主的劳动理念，倡导“崇尚劳动、热爱劳动、辛勤劳动、诚实劳动”的劳动精神，赋予劳动伦理上的体面。一方面，“崇尚劳动”“热爱劳动”是劳动者对劳动的内在认同，是劳动者自由意志的体现。在体面劳动中，劳动者成为劳动的目的，在劳动中回归人的本质，从而得以实现独立自由之人格。因此，劳动者的“体面”不再局限于光鲜的职业、丰厚的薪资和较高的社会地位，更体现在劳动者对劳动发自内心的热爱、赞美及认同。另一方面，“辛勤劳动”“诚实劳动”是劳动者劳动行为的外在表现，是劳动者自主意识的体现。在体面劳动中，劳动者的主体地位得以确证，在劳动中实现自身的价值，从而得以捍卫人格之尊严。体面劳动不仅赋予了劳动者自尊自信自立的体面感，也赢得了社会大众的认可与尊重。在劳动结果上，“体面劳动”强调公平公正、不偏不倚地保障劳动者获得共同利益的平等分配，每个劳动者所分得的共同利益应当和他对共同利益的贡献是对等的，体现出对共建共享的劳动者权益的保障。一方面，公平的收入分配是广大人民群众意志的体现，是社会主义制度的德性要求，劳动者享有公平的劳动所得、劳有所获，其个体的尊严、权利、自由才能切实地实现，其作为劳动者的尊严感、获得感、价值感才能得以真切的满足；另一方面，公平分配并不等于平均分配，劳动者所得超过或少过其所应得，即意味着有失公正，不仅不能调动劳动者的劳动积极性，还会挫伤劳动者的劳动热情，也会有损劳动者的“体面感”，影响劳动者个体价值的彰显。因此，公平分配并不意味着收入结果的绝对平等，当然也绝不意味着可以两极分化，遵循劳动贡献原则是当前劳动成果分配的公平标准。通过劳动及劳动创造，劳动者成为有尊严的劳动主体，内在精神生活的体面得到保证。

三、“体面劳动”创造“美好生活”的伦理路径

“体面劳动”与“美好生活”之间的逻辑关联不会自动转化为现实关联，需要通过伦理路径提供转换的抓手。这就要求追求美好生活的劳

动者能够切实化身为美好生活的创造者，在深刻认识到体面劳动是实现美好生活的必然选择的基础上，发挥“崇尚劳动、热爱劳动、辛勤劳动、诚实劳动”的劳动精神，身体力行助推美好生活的实现。为此，应将劳动精神融入劳动教育，夯实精神根基；将发展权利纳入劳动制度，强化权利保障；将劳动理念嵌入劳动实践，促进全面发展。三路举措协同并进，切实保障劳动者在体面劳动中创造美好生活。

（一）以劳动教育夯实精神根基

劳动教育是自由自主的劳动精神培育的重要途径，是劳动者从思想观念上明确劳动之于人格尊严养成的重要方式。劳动教育的有效实施需要从劳动教育理念、劳动教育主体、劳动教育内容、劳动教育方式、劳动教育环境等多方面入手。就劳动教育理念来说，要帮助个体理解辛勤劳动、诚实劳动、创造性劳动的重要性，引导其树立“劳动最光荣、劳动最崇高、劳动最伟大、劳动最美丽的观念”①，从而尊重劳动、热爱劳动；就劳动教育主体来说，要发挥家庭、学校、社会三者的教育合力，做到同向同行、协同育人，帮助个体养成劳动意识、劳动习惯、劳动精神，掌握劳动技能，提升劳动素养；就劳动教育内容来说，以马克思主义劳动理论为指导，树立马克思主义劳动观，在劳模精神、劳动精神及工匠精神的体悟中领会劳动对人的自由全面发展所具有的意义；就劳动教育方式来说，要根据个体不同成长阶段的特点及认知发展的情况，适当采用家务劳动、生产劳动、公益劳动等多种形式激发劳动的内在需求，同时，从劳动实践教育层面而言，劳动本身即是实践教育，“实践和教育相结合是培养自由人格的根本途径”②，因此应引导个体通过亲身实践去创造自身需要的生活，在行动中体会劳动的伦理意义；就劳动教育环境来说，劳动精神的培育需要采取舆论宣传、政策引导等方式营造全社会崇尚劳动的良好教育氛围，将劳动精神深植于个体的价值

---

① 中共中央国务院关于全面加强新时代大中小学劳动教育的意见．人民日报，2020-03-27（1）．

② 冯契文集：第3卷．上海：华东师范大学出版社，2016：247．

观念之中。

（二）以劳动制度强化权利保障

蕴含着公平公正价值取向的体面劳动，意味着劳动者在劳动中享有充分的话语权，能够在利益关系中获得公平公正的对待。当前，普通劳动者特别是农民工群体仍然面临着话语体系“失衡”、表达能力“失准”、权利诉求“失落”等问题，有鉴于此，需要通过健全和完善劳动制度来维护劳动者的发展权利。其一，制定彰显伦理关怀的劳动制度是保障劳动者发展权利的前提要求。劳动制度在有“力度”的同时，也应有“温度”，刚柔并济才能最大限度激励劳动者。关爱劳动者，关注弱势劳动群体，关切和谐劳动关系，劳动制度应当与劳动者自身密切相关，尊重劳动者在劳动过程中的主体地位。其二，制定重视利益诉求的劳动制度是保障劳动者发展权利的过程要求。劳动制度在有“态度”的同时，也要有“深度”，切中时弊才能最大限度保护劳动者。劳动制度应坚持以劳动者为本位的态度，立足劳动者权益受损现象，针对近年来由于经济社会快速发展，劳资关系恶化，劳动者维权难、维权慢、维权体面性弱等问题对症下药，深挖社会劳动现实痛点。其三，制定体现与时俱进的劳动制度是保障劳动者权利的发展要求。劳动制度不但要有“广度”，也要有“速度”，行之有速才能最大范围惠及劳动者。一方面，劳动制度要充分涵盖劳动的各个环节以及各个方面，实现劳动领域的公平正义；另一方面，社会发展日新月异，劳动就业形态不断发展，快递、外卖、直播以及网约车等新兴行业的劳动者急需健全的劳动制度保障，劳动制度应因时“速”变，切实保障新兴行业劳动者实现劳动体面。简言之，合理的劳动制度规范可以保护劳动者的劳动行为和发展权利，引导人们树立公平公正的劳动价值观念，实现体面劳动。

（三）以劳动实践促进全面发展

马克思主义自诞生以来，就以人的自由全面发展为旨归，我们的劳动实践亦是以此为出发点和落脚点。进入新时代，习近平总书记说：

“今天，我们比历史上任何时期都更接近、更有信心和能力实现中华民族伟大复兴的目标。”① 同理，我们也可以说，我们比历史上任何时期都更接近、更有信心和能力实现人的自由全面发展这个目标。这样美好的愿景必须通过辛勤劳动、诚实劳动、创造性劳动才能得以实现。当前，我国已经取得了脱贫攻坚的全面胜利，正处在全面建成社会主义现代化强国的关键时期，唯有坚定劳动理念，方可行稳致远，进而促进人的自由全面发展。首先，以辛勤劳动理念引导劳动者创造富裕新生活。辛勤劳动，即艰苦奋斗、自强不息。以辛勤劳动为理念，即劳动者要坚持实践立场，秉持“以辛勤劳动为荣，以好逸恶劳为耻”的劳动荣辱观，致力于将个人的内生需要外化为社会生产力，以自由自觉的体面劳动，不断提升物质文明和精神文明相协调的生活境界。其次，以诚实劳动理念引导劳动者共营新氛围。诚实劳动，即爱岗敬业、诚实守信。以诚实劳动为理念，即劳动者要遵守道德准则，坚持实事求是原则，在劳动中尊重劳动内容、尊重劳动对象、尊重劳动法律，构建社会诚信体系，营造风清气正的劳动氛围。最后，以创造性劳动理念引导劳动者共享新成果。创造性劳动，即勇于创新、敢为人先。以创造性劳动为理念，即劳动者要坚持创新发展方向，以人民群众美好需要为着力点，激发创新活力，打造创新业态，强健更加开放、积极、先进的劳动人才队伍，推动创新成果更快、更好、更广地惠及人民大众，营造鼓励创新创造的社会氛围。

劳动创造了人，也创造了人类历史。体面劳动作为新时代的劳动形态，是实现美好生活需要的重要实践途径。当前，美好生活需要的满足尚在路上，体面劳动的实践亦在探索之中，我们应深入揭示和深刻阐释体面劳动的伦理意蕴，在全面推进体面劳动不断发展的同时，充分发挥其教化作用和引导力量，促进向善向上的美好生活的积极实现。

---

① 十九大以来重要文献选编：上．北京：中央文献出版社，2019：11.

域　外

宪法中的恐惧情感*

［匈牙利］安德拉斯·萨乔　著

谢惠媛　刘白薇　译　王怡婷　校**

摘　要： 宪法制定过程受情感影响，在很大程度上是不同情感相互作用的结果。本文借鉴18世纪美国和法国的经验，不仅从宏观层面剖析了恐惧在宪法制定过程中发挥重要作用的方式，而且从微观层面结合残酷及其引致的恐惧，展现了关于残酷的体验或想象所带来的恐惧如何催生自由主义宪法。在此基础上，文章剖析了宪法的制定者及认可宪法的公众所带有的情感在何种意义上带来认知偏差，并对宪法直觉产生不可忽视的影响。

关键词： 宪法　情感　恐惧

与魔鬼作战时，应小心变成魔鬼。当你凝视深渊的时候，深渊也在凝视你。

——尼采

---

* 本文译自 András Sajó. *Constitutional Sentiments*. New Haven：Yale University Press，2011，112－150。

** 安德拉斯·萨乔（András Sajó），欧洲人权法院副院长、匈牙利科学院成员、中欧大学教授、世界银行和联合国发展项目顾问。谢惠媛，北京航空航天大学马克思主义学院教授、博士生导师，主要研究领域为伦理学与政治哲学；刘白薇，北京航空航天大学马克思主义学院博士研究生；王怡婷，中山大学翻译学院硕士研究生。

宪法反映特定群体在情感体验方面的选择[①]。宪法因合乎理性而被赋予合法性，而其体现的理性在很大程度上是公众情绪中情感（尤其是恐惧）相互作用的结果。宪法给出的解决方案的合理性部分地源于其处理情感（特别是激情）的能力。这是一种手段/目的理性，尽管其提供的解决方案可能主要是为了满足情感目的。此外，宪法不仅反映公众情绪，立法机关还通过降低激情发生的频率与减少其损害来达到管理情感的目的。这种程序恰恰反映了民族心理学对人类情感的假设。

这听起来可能有点奇怪。大多数宪法要处理公共机构之间权力分掌的专门事宜，即使把与基本权利有关的条款考虑在内，宪法看起来也不像是情感的产物。但是，宪法具有情感上的基础和影响，这一主张并不否认其他观点的相关性——这些观点认为宪法是主流信仰或利益的结合。

为了证明我的观点，我会借鉴宪法制定过程中一些经典的经验和证据。我指的是18世纪美国和法国的经验，在这一时期，自由主义立场的立宪主义基本形式得到巩固。即使宪法情感的重建是成功的，并且其重要性在这些历史背景下得到证明，但仍然需要应对许多反对意见。毕竟，现代宪法及其基本修正案往往出自对法律和权力无动于衷的专业人士之手。其中，许多宪法复制或混合了现有的宪法解决方案，也有不少宪法只是为了证明国家的存在或它是体面的。在大多数当代宪法或其制定过程中，都几乎看不到宪法情感。

一、受恐惧影响的立宪主义

（一）恐惧在美国宪法制定过程中扮演的角色

承认宪法情感（宪法制定者及认可宪法的公众的情感）在制定宪法

---

① 除了这里强调的情绪管理功能外，宪法还具有管理社会冲突的功能，而理性考虑确实在其中发挥了作用。宪法也（或许）合理地（有效率地）回答了非理性（效率低下）的公共行为和政治行为。

过程中发挥作用，并非要否认宪法起草工作是在解决问题。制定宪法的过程在很大程度上受利益驱动。什么东西可被看作“利益”、如何鉴别哪些属于宪法的“问题”、什么是“可接受的”解决方案，都取决于其时被普遍接纳的宪法情感。这里可以考虑一下美国的经验。无可争议的权威专家伯纳德·贝林（Bernard Bailyn）认为，始于1775年到1776年的美国革命战争是为了应对英国滥用政治权力的问题，英国的此种行为被看作“一项奴役殖民地，或将其置于专制政府（甚至整个国家）控制之下的既定计划”的一部分。对于带有威胁性的想法以及内心时而被激起的愤怒感，美国革命者很早就开始设立新的制度以管理革命化政治群体。依仗贝林的权威，我们可以自信地说，在州一级设置机构制度，是出于对政府权力过大的恐惧。虽然英国在不断滥用权力多年之后才起草国家宪法，但这也是由类似的担忧和恐惧所带来的。恐惧的情感体验被公开表达出来，这种大众共同的情绪使已有的情感更为强烈。

费城会议绝不是一个礼貌地交流统治问题的学术圣地。它是一个论坛，正如古弗尼尔·莫里斯（Gouverneur Morris）后来描述的那样，在那里“美国命悬一线”。的确，大家“一开始就情绪高涨”，以至于富兰克林认为有必要提议“恳求上天的帮助……每天早上在议会举行祈祷仪式”。建国者对谢斯起义（Shays's rebellion）带来的威胁以及“民主的动荡和愚蠢行为”记忆犹新，也预见到要发生一场他们无力应对的新战争。恐惧，特别是对确实可预见到的安排的恐惧，就有力地证明了这一点。例如，6月1日，麦迪逊（Madison）指出：“平克尼（Pinkney）先生赞成行政部门应当是强有力的，但他害怕现有国会的行政权力可能会延伸到国家的和平与战争等方面，这将使行政部门变成最糟糕的君主统治，即由选举产生的君主统治……”至于伦道夫（Randolph），“他接着回顾了我们的危险处境，向美国最好的朋友们呼吁，政府的松懈可能导致无政府状态。此外，还有其他方面的考虑”。格里（Gerry）表示：“希望他在这个场合宣布他对美国目前的危机可能导致内战的担忧时，不违背这一点……在马萨诸塞州有两个政党，一个致力于民主（他认为这是所有政治弊端中最糟糕的），另一个则走向另一个极端——支持暴力。由于这两个政党在反对和抵制宪法方面意见相左，人们非常担心会出现混乱。”

乔治三世（George Ⅲ）在位期间，政府滥用权力，这种可悲的经历成为笼罩民众心灵的阴影，“宪法的制定者实际上受困于对政治权力集中的恐惧，一些人怒斥这种恐惧为偏执”。人们认为，行政权力的民意来源和广度非常可怕。不出所料，行政部门的选举并没有委托给人民，选举人团被看作民主热情的对立面。

恐惧在很大程度上解释了为何选择那些重要到足以被纳入宪法的议题。即使是一些严格意义上由利益决定的议题，如各州保留的权力和各州的投票权，也反映出相关群体基于恐惧而产生的担忧：“万一大州搞阴谋，我们这个小州会怎么样？”

这部宪法已经避免采用严格意义上的结构性概念和安排，其整体上能满足一个新国家创建为人所接受且高效的中央集权的愿景。它当然是功利主义精打细算而成的杰作，或者用不太恭敬的话说，是精明的交易，其中包括以重新确认奴隶制和奴隶贸易这种“肮脏的妥协”来确保有利的商业条款。

这部宪法旨在为各州之间的合作和国家建设提供制度安排。然而，在其结构安排中，我们出乎意料地发现了与个人安全有关的忧虑。上述忧虑的反复出现源于对压迫和酷政的恐惧。多数宪法的制定者认为，没有必要将基本权利纳入1787年的文本，但有必要包括人身保护令（伪装成权限问题），以及关于反对褫夺公民权的法律和贵族头衔的禁令。同样，契约条款反映了起草人对通过从立法上削弱契约义务的方式来没收经济利益的做法感到愤怒和恐惧，这种状况对他们想象中的民主制度构成威胁。谢斯起义引致的恐惧赋予了联邦政府“镇压叛乱”及在和平时期保留常备军的权力。此外，《权利法案》中各项权利的选择与普通民众的基本恐惧密切相关。共同的情感体验，而不是某种宏大的理论，决定了对具体问题的选择，例如，第三修正案中出现的禁止驻扎的规定就让人感到奇怪。1789年修正案中所授予的权利是那些被英国殖民政府普遍侵犯或剥夺的权利。在一种新设计被创造出来的过程中，某些宪法解决方案受以往的不公正及恐惧经历的强烈影响，这的确看起来很怪异。然而，考虑到参与回忆过去的大脑区域在人类设想未来时也同样被激活，过去经历的主导地位就显得理所应当了。

[在此，我改述了朱迪丝·施克莱（Judith Shklar）的观点。] 正是受恐惧影响的立宪主义激活了现代宪法的整合模式。当然，恐惧并非18世纪美国制宪过程中唯一重要的公众情感。在一个新的国家及其公民进行自我定义的过程中，个人荣誉、愤怒或愤慨、同情心和热情都发挥了作用。关乎利益的考虑（如委托宪法制定者的群体做出的考虑）决定了其他情感考虑。但对身体残缺和丧失个人地位的恐惧比生命更凸显。在革命时期，美国公众的关注点是出生权，与其说是出于对自由这种抽象概念的尊重，不如说是基于个人的不安。此外，殖民者始终为有可能失去地位而焦虑。对个人社会地位的威胁引起焦虑、恐惧和愤怒等情绪，这些情绪导致了“权利的发现”。殖民者认为自己与英国的兄弟们一样天生就是平等的；议会中缺乏代表，以及殖民地的英国官员在司法中越来越漠视他们的社会地位，威胁了他们的地位。《独立宣言》的字里行间都表达出愤慨、愤怒和不公正感等相关的情绪，列举了一长串冤屈及王室的不公正行为，包括伤害性命或身体、毁坏财产、驻扎部队、无陪审团审判、焚烧城镇、“对我们发动战争”和掠夺，以及“带来残忍的印第安野蛮人”。

恐惧可能在1776年已产生影响，但它必须在现有心态和自我理解的框架内才能发挥作用。殖民者虽然是好的辉格党人，但他们把自身被特权化了的法律地位看作是理所应当的。英国人以全新方式重新诠释了殖民者的出生权，这让后者感到不满：“英国人……在18世纪60年代早期……‘发现了’反对一般搜查令的权利，并使之成为当代政治的一个重大事件。当然，他们并没有发现权利，他们发现的是，权利有可能会被以之前猜想不到或理解不了的方式滥用。根据一般意义上的搜查令，从约翰·威尔克斯（John Wilkers）家里没收文件的举动引起了恐慌，但对此举的反应并没有导致发现新的权利。法律理论和广大律师认为，权利一直都存在。直到被威尔克斯这一先例吓着了，他们才意识到宪法的重要性。美国人要求的权利也是如此。”

在18世纪，制定宪法被认为是一种大众心理学领域的行为。常识表明，唯有得到公众情绪的支持，自由宪法才能发挥作用。宪法旨在应对人及由其组成的更为模糊的集合体之可怕而又不可靠的天性。立宪政体通过操纵适当的情绪来管理人的情感。托马斯·潘恩（Thomas Paine）及其死对头约翰·亚当斯（John Adams）都赞同这一观点。潘恩在其著作《常识》（*Common Sense*）中写道：“社会产生于我们的需求，政府产生于我们的恶行。前者让我们齐心协力，以积极的方式增加我们的幸福；后者的目标则是要制止我们的恶行，以消极的方式增进我们的幸福。”同年，亚当斯反对把所有权力都授予作为一个整体的人民代表集合体，因为“一个单一的集合体倾向于汇集个体的恶习、愚蠢和弱点，屈服于情感、激情、冲动、派系或偏见，继而得出仓促的结果和荒谬的决断。所有这些错误都需要某种控制力量来纠正和弥补……单一的集合体容易滋生野心，一段时间后，就会毫不犹豫地把票投给自己，让自己永远享有权利”。

起草人对受宪法规约的人具有的情感、倾向和嗜好有着强烈的共识。宪法的目的是为管理这些情绪提供一种手段。在1787年制定宪法时，尽管对“人的本性”（即人的心理倾向）存在严重分歧，但代表们坚信，宪法提供的方案必须管理非常野蛮的人性。詹姆斯·麦迪逊（James Madison）提出了一个著名的主张，即宪法应该建立在“每个人都应该被视为无赖”的人性假设之上。汉密尔顿（Hamilton）非常赞同这一主张。麦迪逊的名言同样可以理解为对情感体验的反思，这也印证了休谟的思想智慧，“在一个组织良好的联邦能够保证的大量利益中，最值得做的事情是制止和控制狂热分裂的趋势……这个分裂，我的理解是，许多公民，无论是全体公民的大多数还是少数，都是在某种共同的激情或利益的驱使下团结在一起，反对其他公民的权利，或反对群体永久和整体的利益”。

我详细引用了麦迪逊的话来说明人类情感的中心地位明显与对暴力的恐惧有关，这种恐惧来自不受约束的群体激情，它在建国者和许多

《联邦党人文集》的读者中产生共鸣。在费城会议上，威尔逊（Wilson）、汉密尔顿、兰辛（Lansing）、梅森（Mason）和麦迪逊一致认为，激情应该受到制度设计的控制，但制度设计恰恰依赖于包括恐惧和嫉妒在内的激情。事实上，宪法是人们选择用于管理公众情绪的首要工具。通过激情管理，可以控制易受其影响的群体，即群众。正如威尔逊作为代表时在1787年美国制宪会议上所说的那样："每个政府都在道德层面和机体方面有其根深蒂固的特质，其中一方面作用于对人的情绪，而另一方面则影响人的恐惧。"事实证明，宪法通过巧妙的操纵手段来控制与遏制激情，使它变成了持久的社会制度。

在麦迪逊看来，遏制激情这一问题是通过代议制政府的分权和联邦制来实现的。通过这种方式，"必须使（充满激情的）大多数人因其人数和地方状况而无法协调和实施压迫计划"。解决办法是通过适当的制度安排，在宪法上对激情进行操纵。"必须用野心来对抗野心……用这种方法来控制政府的弊病，可能是对人性的一种羞辱。但是，政府本身的存在，不正是对人性最大的羞辱吗？如果人人都是天使，就不需要政府了。"

宪法偏爱代议制政府，这是管理激情的基本选择。它拒绝并排除了"民主感情"会占上风的平民政府和民粹主义政府形式。反对激情的心理掩盖了阶层偏见：没有受过教育的贫穷乡巴佬和穷乡僻壤的农民可能作为人民的一分子，并且成为宪法的主体，但这些人被认为没有能力管理国家。将他们排除在领导层之外可能是"对抗激情"计划的另一部分。

解决激情问题的制度性方案需将认知偏差和启发法结合起来考量，二者皆由恐惧引发。它们在美国各州的宪法以及联邦宪法中普遍存在，尽管从工具性的角度看，它们似乎是完全"理性的"。多层级的代议制政府是处理民主大众问题的有效工具。否则，民主国家中基于感觉的政治将允许以口头拥护的方式进行决策，这将为纯粹的情感主义或（同样糟糕的）"至关重要的"人民意志打开大门。在某种程度上，自由主义反对情感的及"人为的"解决方法——统计票数的方法只是机械地（或

“理性地”）回答了人民权力的问题，这后来成为卡尔·施米特（Carl Schmitt）提出批评的理由。从这一点来看，公投在美国联邦层面或（除了一个不相关的例外）在德国不被接受不足为奇。

假如说在制定宪法过程中普遍存在着的情绪，总是反映对失去自由和地位的恐惧，或者说不确定性不可避免会引起基础性焦虑，这显然是夸大其词。我也不认为，凡是涉及危险或威胁的话都会引起或反映真正的恐惧。宪法辩论中对情感的提及往往只是一种修辞手法（在比喻意义上）。在法国，国民议会中提到的共同或集体情绪，往往相当于后来的所谓“公众舆论”。像“我感觉”“我害怕”，或者在费城会议上反复提及的“规模较小的州的嫉妒”，这样的表达是描述理性计算、关于理性行为的假设等类似情况的形式。

虽然这种基于恐惧的景象在美国很普遍，并且在法国大革命时期的宪法制定过程中也出现过，但在宪法史上，它也有竞争者。其他宪法情感可能会占上风，导致不同的制度安排。不同的情感塑造了不同的模式，这些情感调动并依赖于不同的意识形态。例如，1776年的宾夕法尼亚州宪法反映了当时殖民地工匠和农民中普遍存在的平等观念；它们部分源于18世纪30、40年代（第一次）大觉醒的宗教教义和激情。对平等主义的追求在某种程度上解释了为什么要授予立法机构压倒性的权力，而立法机构几乎是在男性普选的基础上选出来的，并通过每年的选举对选民负责。这些期望地位平等的情绪及对当地“贵族”地位的嫉妒，与地位较高的阶层在基本权利方面的抱怨所表达的对可能丧失地位的担忧之间存在矛盾。

起草宪法和通过宪法似乎是两码事。实际上，一部宪法的诞生包含一系列相互关联的事件，在任何一个阶段，宪法制定的过程都不能被认为只有流行中的情感在发挥作用。在这个过程中，出现了不同的情感组合，包括阻止恐惧的热忱。共和党人抵制通过宪法的普遍做法源于一种不同的情感组合：它往往源于阶级仇恨和怨恨，以及农民中常见的对政府的不信任。“担心人民的自由受到威胁，对拥有财产或受过教育的人的不信任，在我们的反对者当中产生的影响，要大于任何反对宪法的意见的影响。”

上述关于恐惧的故事通常是在隐喻的意义上解读的。我有一个更有说服力的关于情感的想法：宪法制度反映了实际情感相互作用的结果。结果可能看起来很合理，即使是这些表面理性的解决方案，在很大程度上也是在情绪和高级认知过程的实际互动中形成的。在过去的两百年里，对恐惧相当程度的迷恋（最初是掌权人焦虑的集合体）在宪法的具体选择过程中已经慢慢变得越来越普遍了。但是，当我们提到上述恐惧和其他情感的口头与书面证据时，我们谈论的是什么样的感受呢？恐惧是一种由感知到的或想象中的威胁所引发的基本情绪，它会引起战斗或逃跑的反应。它（至少在迅速产生恐惧的情况下）激活了大脑中的杏仁体。它被认为是与生俱来的，无疑也是人天生就具有的，这可以从幼年的猴子对蛇的反应那里找到证据。恐惧伴随着特定的生理反应，如心跳加快，其症状引起恐惧的感觉或意识，并关乎特定的面部表情。

法国国民议会的代表们面临生命和躯体的威胁。我们有关于他们各种恐惧情感的生动证据。他们被愤怒、仇恨、热情、恐惧和激情这些炽热的情感包围，代表们之间经常互相分享或交流这些情感。

法国代表受到直接威胁所引起的恐惧，在大多数宪法制定过程中是不存在的。在美国制宪会议上，大多数神经系统的自动反应，诸如人们所熟悉的威廉·詹姆斯（William James）提出的恐惧发生时的心跳，早已不复存在（或被其他成员引起的个人恐惧和愤怒的感觉取代）。但除了感知或记忆之外，思想观念也有可能引发情感并影响长期记忆。“编码时情感的增强有利于记忆”，当中包括刺激物引起负面情绪。新独立的美国各州的宪法制定者和建国者在起草时并没有直接受到威胁。他们应对的威胁并非是那种直接物理特性方面的威胁。更重要的是，他们对过去共同经历到的恐惧做出了反应[①]，这些恐惧影响他们思维的形成，并且在集体制定宪法过程中很容易被回想起来和调动起来。

在没有直接威胁和身体危险，以及没有产生与恐惧相关的生理症状

---

① 关于恐惧的共同经历构成了人们共同参考的要点，这是一种难以抗拒的力量。

的情况下，情感仍然可能在宪法决策和人类行为中发挥重要作用。归因于事件的意义是用情感的术语加以构建的。即使缺乏情感生理指征（例如杏仁核受到损伤），人也可能受刺激性因素的引导。对那些让人感到恐惧的事件的记忆及恐惧的经历是“冷”恐惧。滋长冷情感的情感体验不仅将作为宪法辩论及其利害计算的参考，而且将塑造主体当时的情感状态。

情感不仅仅指那些“在 120 毫秒内完成，其余的只是余波和大脑的修饰”的现象。有强有力的论据支持将“心境”视为情感。此间，“受试者说他们高兴、焦虑或愤怒时没有自动唤醒的迹象。只要他们的行为不与之相矛盾，就应该相信这些被试者的话”。换句话说，当平克尼、伦道夫或威尔逊说“我害怕”时，他们是认真的，而宪法制定者确实经常这样说。一旦你听到并承认了别人的恐惧，你就会认真对待这个信息：它预示着将来的思考和行动。恐惧是有意义的。许多人在这个问题上的共识支持了恐惧是合理的这一观点。因此，恐惧将成为一种共同的情感状态。

制定宪法是一项集体事业，起草工作在个人交流中进行，即使参与者相互是对手，也可能产生共鸣。别人的情感对自己的情感有直接影响。如果我们认识到强烈的情感以及恐惧和威胁的语言代表其真实意图，那么个人情感记忆和由此产生的情感对他人的影响就变得更加明显。观察另一个人的情感状态（无意识地）激活了那种情感（或相似的感觉）的表征，使观察者能够理解那些情感。在这些情况下，人们可能会感受到他人包括恐惧在内的情感，即使缺乏共同的经历。

在此，想象力是至关重要的。一个人可以“进入一种想象的恐惧状态，是想象一种可怕情景的必然结果”。许多人接受禁止酷刑的禁令，但他们从未经历过酷刑，甚至没有经历过至少可以让他们想象遭受酷刑的可能性并感受到随之而来的恐惧、愤怒和相关情感。不过，他们仍然可以想象他人被折磨时的痛苦。

恐惧可以在没有经历威胁的情况下通过激活杏仁核而被体验到。刺激可能会产生的反应与过去实际威胁所引发的反应相似，而语言交流具有与恐惧的实际体验相似的情感学习效果。经由学习而学会的生理反应可以指导行为，由此，情况有可能是，人们习得的情感反应会产生影响，即使是在诸如制定宪法这样的充满认知性的过程中。

建国者对英国的不公正、羞辱和威胁有共同的情感体验，对谢斯起义产生了恐惧，害怕过度的人民统治①。他们同时还会想象到一个弱小联邦的崩溃。这些体验以及想象中的危险是冷情感的来源。冷恐惧的强度可能小于实际的恐惧。大脑的处理过程可能不同，但冷情感对理性过程的影响与热情感的影响相当。

同样，一些参与“发明”人权、把它作为基本宪法权利的人，并没有亲身经历过这些权利受到侵犯的情况。当杰斐逊（Jefferson）起草《独立宣言》时，他并不需要亲自面对“野蛮的印第安人”来感受恐惧；他早先听到的故事可能已经发挥作用。在制定宪法过程中，即使没有亲身经历过可怕之事，也有可能在情感上被触动。许多参与通过宪法的人的担忧是基于想象或对预期的恐惧。对预期的恐惧（对可能发生事情的恐惧）似乎与对实际威胁的恐惧所产生的影响是相似的。起草者以情感唤起的方式了解他们同僚的情感经历，其他人的情感体验影响了他们。那些有个人恐惧回忆的人的冷恐惧具有传染性：“看到一张恐惧的脸会在（大脑）相同的区域引起活动反应，就像直接接触到一个令人恐惧的对象一样。”同样，当“普通”人参与这些早期的宪法准备工作时，他们部分地被个人的情感经历触动，部分地因同理心而受触动。同理心使他们能够对其他人的恐惧和愤怒感同身受，这在很大程度上依赖于其他人的情感体验。

殖民者中普遍存在的观念、联邦条例（Articles of Confederation）的不足或启蒙哲学家的影响，都无法解释在1776年、1787年或1789年相对简短的宪法议题和权利清单上达成的共识。在这些特定问题上达成的一致应该根据思维的功能来理解：“思维，不管它是什么，都是情感的征兆。”在非常不确定的情况下，思维的相似性反映了共同的情感，

① 许多法国议会的代表共享着皇家逮捕令所带来的恐惧。

而情感本身又促成了共同的思想。在费城，就计划安排的未来影响而言，存在很大的不确定性，而且鉴于相互矛盾的政府理论，几乎不可能获得共同的认识。在非公开会议和通过宪法的辩论这两个场合中，在存在不确定性的情况下，其他代表的情感是可获得的主要信息之一。社会恐慌解释了其他人的情感在不确定的情况下是如何发挥作用的[①]。如果一个人看到其他人害怕，那么他自然也会感到害怕。一旦恐惧成为1787年或1789年起草者中普遍存在的情感，那么它会逐渐地给心情和共同语言定调。

诸如费城会议上提到危险的做法之所以产生很大影响，恰恰是因为它们调动了隐藏的情感——特别是恐惧——或者至少是普遍接受的信念，这些信念在恐惧的压力下得到加强，也可能是在否认一个人的社会身份所导致的相关羞辱和愤怒所产生的压力下得到强化。

宪法的“理性”论据和制度解决方案是理性的，因为它们承诺要对问题进行有效的管理，而问题是由情感来建构的。宪法的解决方案是“理性的”，只要它是在恐惧的体验所决定的假设范围内运作的。例如，假设人们在结构不良的群体中以不受限制的最高权力做决定时会变得暴虐，那么，两院制（因此是缓慢和无效的）的立法机构是很有意义的。如果担心一个强大的人单独掌握所有行政权力会导致暴政，那么，限制总统的权力就变得有意义。这种假设源于恐惧；只有在威胁范式内，解决方案才是有效的。（考虑到数据统计方面不可逆的损害发生的概率）这并不排除恐惧以及它所决定的解决方案的合法性和合理性。

恐惧在古典宪法和立宪主义中普遍存在的观点遭到了强烈反对。有人认为，与恐惧相关的政治破坏了自由主义的立宪主义。大多数人对恐惧占据的中心地位感到不安，认为它奴役了我们。他们对恐惧感到羞耻，并通过否认恐惧来对抗恐惧，继而把否认称为“自由”。从心理学的角度来看，可以正确地说，恐惧滋生次优决策。但这与恐惧的实际作用无关：它解释了某些缺点是不可避免的，也解释了宪法设计的伟大之

---

① 在1789年8月4日的巴黎之夜，社会恐慌有着至关重要的作用。

处。当然，恐惧使得扭曲风险的偏见变得可以接受，甚至具有吸引力。如果宪法安排是基于恐惧的群体交流而产生的，那么，它们就会有认知偏差；它们可能导致社会效率低下的安排。按照这种逻辑，如果宪政是基于恐惧的，那它一定是错的，而恐惧会给出错误的答案，不应该让它在人的设计中发挥作用。自由主义宪法伦理的代表人物布兰迪斯大法官（Justice Brandeis）按照这些思路，提出了一个著名观点：建国者制定宪法的过程不可能以恐惧为指导。

“那些赢得我们国家独立的人相信，国家的最终目的是让人们自由发展他们的能力，并且在其政府中审议的力量应该战胜武断的力量……他们相信……一个惰性的民族是对自由最大的威胁。公众讨论是一项政治责任，这应该是美国政府的一项基本原则。他们认识到所有人类制度都面临的风险。但是他们知道，秩序不能仅仅通过对违反秩序的惩罚的恐惧来保证；抑制思想、希望和想象是危险的；恐惧滋生压抑；……他们认识到执政的多数人偶尔会有暴政，因此修改了宪法，使言论自由和集会得到保障。

“对重伤的恐惧本身不能成为压制言论自由和集会自由的理由。男人害怕女巫，烧死女人。言论的功能是把人从非理性恐惧的束缚中解放出来。”

布兰迪斯大法官的立场也许没有如实反映历史事实，但这无关紧要：这是一种把立宪主义看作冒险的观点，它显然漠视了以恐惧为基础的那些想法。但布兰迪斯的规范性立场并没有与恐惧论的立宪主义的规范含义相矛盾。布兰迪斯所概述的基于自由的策略即使是基于对恐惧存在的否认，但它也关乎言论自由，也可能是关于个人自由的，但不是关于恐惧政府可能化身邪恶。鉴于社会混乱和个人羞辱的可能性，对言论自由的肯定当然涉及风险的承担。也可以说言论自由的主张是反直觉的，反对恐惧言论。之所以提倡言论和自由，正是因为害怕暴政。即使建国者不担心言论自由的后果，他们似乎也受对审查制度的恐惧的驱使，甚至在布兰迪斯吸引人的故事中，情况也是如此。事实上，言论自由要受到保护，否则国家会限制人的想象力和思想。不可否认，这里有一个以相当具体的方式克服恐惧的例子，而它无疑是一个管理恐惧的例子，它在受情感影响的判断中形成。

在制定宪法的背景下，恐惧向来是有意识的、反复确认的感觉，这种感觉调动了认知和社会控制。这种类型的恐惧不一定会产生错误：事实上，恐惧的展现有助于掌控它。关于立宪主义，重要的是在恐惧的情况下出现的策略类型。受情感影响的公众对恐惧的反思产生了对抗性策略，这些策略倾向于减少令人恐惧的条件和环境，以及由此产生的焦虑和恐慌。这种反思的前提条件是对恐惧的感受和认识。宪法方面对恐惧的管理可以与通常由自尊和自豪感而产生的希望情绪（特别是有关民族主义的情绪）联系起来①。

恐惧调动了预防性策略，这些策略就算有失偏颇，但也肯定超越了恐惧提出的首要“建议”——逃跑或战斗。正在形成的宪法战略并不排除有利于自由的选择（至少从创造对个人自由有利的制度安排这个意义上来说如此）。

（二）关乎残酷的基本恐惧

鉴于正在形成的对审议中情感运作方式的新的理解，我认为宪法体制的建立反映了实际和想象（归因）情感的互动，其中恐惧与其他情感（如对丧失地位的恐惧、愤怒和厌恶）相结合，具有积极的结构性作用。恐惧在宪法中的中心地位不能完全归因于恐惧在进化中的首要地位，这种首要性使得它比大脑的推理能力更强大。它与政治的性质有关：人身胁迫与可能造成身体痛苦这两者是政治权力的核心，因此它具有威胁性。

施克莱后来认为：“自由主义只有一个优先于一切的目的，那就是保障个人自由所必需的政治条件。”自由意味着在没有恐惧与偏倚的情况下决定自己的生活。反映这一想法的宪法服务于立宪主义。

施克莱对起初基于普通人的身体痛苦及恐惧的理论没有异议，她也

---

① 关于宪法情绪的现有理论并没有否认存在“积极的”情感，也没有否认它的意义。

同意对残酷的恐惧的自由主义是基于情感这一观点。事实上，针对残酷行为与对残酷引起的恐惧的强烈道德反应在神经生理学方面有可靠的依据。故意施加痛苦的印象或想象会引起大脑中与道德推理有关的区域的活动。但是把痛苦和残酷看作政治道德的中心问题关乎基本的文化和政治选择问题。毕竟还有其他在法律上影响较小的明显刺激也会激活与道德推理有关的大脑区域。

施克莱认为，公共领域的残酷是人类设计中要避免的最大的恶。恐惧的自由主义从我们平常的恶（即残酷）开始。具有强制性的公共权力的集中所带来的残酷性塑造了立宪主义者的心灵。当然，憎恶残酷本身并不会导致产生宪政主义：施克莱文章里的主人公是蒙田，后者在厌恶的范围内谈论残酷问题，他对此的厌恶导致他对政府持怀疑态度。恐惧本身并不会产生立宪政体——霍布斯（Hobbes）关于恐惧在统治中占据中心地位的理论，并没有形成自由主义的立宪主义立场。他主张权力集中，目的是减少对残酷生活的恐惧。而这两种考虑很容易结合起来，对政府产生显著的影响。

残酷是全面统治的一种形式，是我们文化结构中的一种动员力量，尽管如此，仍然难以弄清楚这个概念。故意或者任意造成异常严重的身体和/或心理痛苦，才能称之为残酷吗？行为者的意图在施加痛苦过程中发挥什么作用？残酷是行为者和/或观察者情感的特定组合吗？

“冷的”残酷与“热的”残酷是一样的吗？从生理学和神经科学的数据来看，两者是不一样的。残酷是一种特殊的侵略形式吗？它在适应性方面有何优势？马基雅维利（Machiavelli）认为残酷具有吸引力。这并不代表他本身是一个残酷的人，对他来说，残酷只是通过产生麻痹性恐惧来创造服从的最有效而又最不需要资源的形式。当然，在其漫长的历史中，立宪主义是对马基雅维利和所有按其建议行事的暴君与暴虐群众的反驳。

施克莱认为，残酷是“为了引起痛苦和恐惧而向弱势者故意施加肉体痛苦”。成为新兴的立宪主义所关注的问题的残酷，与基于恐吓的无限统治相关。当残酷激起的恐惧在公民中普遍存在时，统治就演变为全面统治。这表明统治者开始愿意使用残酷手段，也失去了对个人身份和个性的尊重。“最终，残酷是必须决定‘我’的整体解体的时刻……残酷是必要的，这样‘我们’和理念就会成为一体，也就没有什么来限制‘我们’的自我肯定。”

残酷在文化上被排除，是因为它把人作为对象，让他们万分痛苦。非人性化当然威胁到每个人，因为任何人都可能成为受害者。与残酷相关的专横假设也很重要：无须理由，任何人都可能成为其受害者。文化塑造的认知框架再一次涉及情感反应。

残酷行为也被排除在情感之外，这部分因为“残酷的”行为者假定的情感本质上令人厌恶，也因为造成痛苦的强度会引发相关的强烈共情。残酷行为的信息可以解释它的进化性适应，改善残酷行为者的繁殖能力和个人生存潜能。同意长久接触和控制他人身体的权力垄断不可避免地首先会引起恐惧；因为牵涉到身体，所以厌恶、羞愧和愤怒可能会产生影响个人决策的力量。当看到自己被暴露，变成了没有意义的残酷受害者时，我们会感到羞耻；当残酷或强加的痛苦被认为打破了常规时，会引起愤怒和愤慨。羞耻感涉及人由于强加的痛苦而失去自我，厌恶和愤怒则针对那些对他人采取的残酷行为而产生。

尽管自然主义者憎恶残酷，但仅仅是强加的痛苦程度并不能定义它；尽管它是一个模糊的概念，但它必定是一个文化概念。群体内部对痛苦的看法不同于群体之外。此外，暴力发生在群体内部被称为残酷，而暴力发生在群体外则可能变成征服或自卫的高尚义务。鉴于涉及群体外部时，人们会无视禁止残酷行为的规定，宪法和国际人权法制定具体规则，以防止特定的社会人群退化到被排除在群体之外；人道主义规则适用于处理群体外的事宜，战争法试图限制对敌人的残酷和引发恐慌的行为。这种不人道的做法会使被抛弃和被排斥的人失去道德直觉所提供的保护。“过去贬低特定群体的历史将他们‘预选’为潜在的受害者，在某些情况下，他们很可能成为替罪羊，并被视为意识形态上的敌人……不太严格的道德价值和原则会被利用，成为允许伤害他们的借口。”这种违背人性的经历解释了具体的预防性规则，有时以牺牲基本权利为代价。许多国家为了阻止不人道的过程限制言论自由，尤其是碰到“言论”为战争罪行和种族灭绝道歉这种情况时。

如今，文化变化相对较快，与之相伴的是人们对过度疼痛和痛苦的普遍理解也有可能会发生变化，这与感受到的疼痛的程度无关。“善或恶总是暗地里反映意志。”某些施加痛苦的行为在文化层面上被认为是邪恶的。邪恶在两种意义上会指向某个人。首先，它需要隐喻性的因果归因，例如，我们可以具体分析士兵是否要对基于严格命令而犯下的暴行负责的问题。其次，它要求解释行为的意图（或至少不可能为暴行辩护），这使得它难以被理解，因而不符合人性。但我们谈论的不仅仅是故意造成的痛苦，过度伤害首先是文化层面的，即使存在一条关于过度性的情感底线，在底线之上，哭声和其他疼痛、血迹等迹象也会引起直观的感受。过度与否是很重要的考量，因为它可以打败其他社会可接受的或合法的行动理由；反之，在认知上，由极度痛苦引起的最初厌恶可以被阻止或反驳。人权法以绝对禁止酷刑的形式全面禁止了这种认知上的辩解策略。对于人权法来说，所谓的“酷刑”是如此令人憎恶，以至于为其辩护的可能性都被剥夺，而酷刑也被看作一种恣意的行为。肆无忌惮、毫无理性的行为也许是残酷行为的典型，这种肆意的伤害展现了人性中最糟糕的一面。就酷刑而言，行为人的理由不算数，即使这些理由在其他情况下是可以接受的，比如在战争中为了打击敌人或拯救生命，或为了对付内部敌人（法西斯分子或其他叛乱分子、游击队等）而进行施加痛苦的行为。

理解残酷也需要一个关于犯罪者心理理论的假设：残酷的人很清楚地了解他人的痛苦，他对对方的心理状态无动于衷，甚至希望对方遭受极度屈辱的痛苦，这也是后者人格物化的一部分。这就是残酷行为变得邪恶的原因：邪恶存在于人身上。在残酷者的人格方面，存在着相互矛盾的理论和神经生理学的假设。一些学者认为，残酷是人性中最黑暗的部分，通常被隐藏起来，当羞耻或其他抑制因素失去效力时，它就开始发挥作用。另一些学者认为，残酷是环境性的，即“施虐者并没有某种人格，只是在某种心理、社会和政治条件下显现出残酷的一面”。宪法将残酷看作一个关乎环境的问题①：它试图建立特殊的制度安排，以减少残酷状况的发生。

至少早在17世纪，伴随着被用来维持专制政治权力的政治残酷，以及宗教战争的残暴，一种关于个人自治的新兴需求指向了后来人权保护的体系。这就是为什么对残酷的恐惧（在上面讨论的情感基础上）在制度设计中变得至关重要。对这方面的关注激发了人们对分权的普遍考虑，更具体而言，它催生了关于文官统率军队和警察（酷刑的典型组织环境）的规则。宪法施加的压力可能规定了具体的公法监督机制，这种机制能够对招致残酷行为的情况进行内部监督，在此，潜在的受害者完全受更高一级的管理主体支配。在残酷最有可能出现的地方（如逮捕、取证等），关乎正当程序的规则以及禁止酷刑和不人道待遇的具体人权规定，有助于阻止残酷行为的发生。同样，1789年法国的《人权与公民权宣言》试图对可以被定义为和视为犯罪的行为做出限制②。强加"犯罪"的标签有可能会导致监禁，而监禁这一做法本身总是近乎残酷的，实际上它通常也是国家认可的会滋生残酷的温床。通过在程序上和实质上缩小犯罪的范围，人们希望限制公开虐待的范围。

此外，宪法承认私人领域，其最初的形式是住宅和身体不可侵犯（搜查和扣押规则）。显然，这是为了让政府的约束远离某些特定的领域（适得其反的结果是，家庭中形成了私人虐待的小王国）。界限模糊不清，但在任何特定的历史环境下，这种越轨行为或多或少都是很明显的：罗伯斯比尔早在1789年就开始走向独裁，当时他得出的结论是，为了公众福利必须放弃通信不可侵犯的神圣原则。政府经常干预私人领域标志着立宪主义的终结。

狂热主义是残酷的另一个主要来源，排除它的方法就是禁止狂热分子参与政治。宗教很容易变成狂热主义的温床，因此也很容易变成残酷的温床。"分离主义者"的举措——教会和主权国家的分离，这种分离

---

① 如果残忍属于人格障碍的话，那么公共法律策略将依赖于心理测试。

② 虽然1812年西班牙的《加的斯宪法》没有关于基本权利的规定，但它确实有关于刑法管理的详细规则，在程序规则中，它明确禁止使用酷刑。

相当于事实上的服从和（最终的）宗教私有化——旨在遏制公共狂热主义的主要来源。在现代社会，从政治上禁止狂热主义形式是禁止极权主义和基于种姓的政治运动。宪法关注平等的部分也是出于对残酷的关注：那些被认为没有享有平等权的人可能很容易成为（集体）残酷的牺牲品，因为他们处于保护圈之外，或者说处于非人性化的圈子中。

我们害怕酷刑，不仅因为我们是潜在的或过去的受害者，也因为我们是潜在的施虐者：我们都有可能变成残酷的人；恐慌和不确定性只会让把残酷手段作为权宜之计的想法更强烈。通过宪法，我们预先承诺要保护自己免于陷入最糟糕的境遇。宪法禁令不仅与他人的激情有关，而且也表达了对我们自身的根本性怀疑。实施残酷行为的诱惑可能是进化中预先决定的，现代环境为其创造了无尽的合理化空间。所以要无条件地加以禁止，预先限制把它合理化的情况。

总结上述观点，对残酷有过体验及对残酷的想象会让人心生恐惧，这种恐惧可以动员人们，或者至少使他们对自由主义宪法产生共鸣。当施克莱将残酷列为罪恶之首时，意味着自由主义政权应该对一种允许和鼓励残酷的政治制度感到畏惧。在政治社会的成员中，残酷会引起极大的焦虑，使自由陷入瘫痪，并使之消耗殆尽。残酷的制度“使政治行动变得难以忍受”。因此，那种使人免于遭受对残酷的恐惧的权利是最基本的权利，这是人性的先决条件。而对残酷的恐惧会剥夺公民的自主性、自主推理能力和自尊心。

二、委员会、偏见和启发

在费城会议结束之际，筋疲力尽的本杰明·富兰克林试图说服其一同参与宪法起草的同僚接受存在争议的宪法文本。他是这样说的：“我也怀疑，无论再开多少次制宪会议，也未必就能制定出一部比现在更好的宪法。因为当你把一群人召集起来，利用他们共同的智慧时，同样会把带有自身偏见、激情、错误观念、地方利益、私人之见的人都聚拢起来。大家能期望在这样的大会上得到完美的成果吗?”

富兰克林提到了一个如今被描述为群体决策中推理的基本困难。关于委员会决策的当代研究表明，在委员会环境中的决策特别容易受到认知偏差的影响。认知偏差是源于误用了决策规则，而这些规则在其他情况下可能是有效的。具体分析一下，认知偏差要与启发式方法区分开来，后者是凭直觉应用的或者根据直觉形成的经验法则工具。认知偏差往往是对本来有帮助的启发式方法的误用。决策偏差在很大程度上是由情感决定的，因为（例如）风险分析中的偏差经常受到恐惧甚至心情的影响。

恐惧和其他情感在自由主义宪法的议程安排方面可能是至关重要的。它们给宪法决策过程带来了认知偏差。当以往的恐惧经历在宪法讨论中占主导地位时会产生获得性偏差：发生致命性事件的概率会被夸大。其结果是，假设的风险将行动者推向长期的制度性安排，这些安排用于解决极端危险，这在平常的政治生活中显然是效率不高的。然而，如果我们认为暴政和其他致命性的政治事件不可抗拒且具有巨大破坏性，而且考虑到它们是罕见的，因此也是逃避理性预测的事件，那么，在制度建设中这种过度的风险规避就算不上是决策偏见和扭曲问题。恐惧支配着一种比通常的产出最大化的理性更加合理的长期设计。

宪法是激情和恐慌的非理性结果吗？它们会简单地且注定将认知偏差制度化吗？情感的认知优势就在于它们的显著性，没有显著性就没有办法从面临的成千上万个刺激中选择出相关的刺激。恐惧在问题设置时生成了一个焦点，并激励宪法的制定者去寻找减少恐惧的解决方案。精神执行功能在一定范围内确实有对抗和引导情绪的能力。18世纪的宪法肯定偏离了完美的理性，但鉴于早期宪法设计的巨大不确定性，很难说什么才算是理性的。这些解决方案旨在有效减少暴政和残酷行为。限制专断权力的宪法工具是在有偏见的认知过程中“发明”和应用的，这种偏见源于情感。偏见一定程度上通过强制额外的认知偏差帮助设计持久的制度和稳定的适应性系统。偏见最终成为一种宪法直觉。

由上述宪法情绪触发的宪法直觉提供了一种处理未来认知偏差的机制。

以下偏见［部分源于埃斯克里治（Eskridge）和费雷·约翰（Fere John）的清单］与制定宪法的语境尤其相关：

● 委员会可能会从戏剧性和情绪化的事件（可得性启发法）或从不具代表性的小样本（代表性启发法）中做出归纳，但这种归纳缺乏足够证据。

● 委员会可能会从任意一个出发点出发，确定其决策，并通过该偏见过滤事实证据（锚定或减少认知失调）。

● 委员会可能将其成员自身的观点和偏好转嫁给其他人，这种假定反映了对他人的不同情况缺乏同理心或理解（自我中心主义的偏见）。

● 如果委员会由想法相似的人组成，审议可能趋于得出比成员最初的立场更为极端的结论（极化效应）。相反，如果最佳方案看起来过于激进（极端厌恶），由不同的人组成的委员会可能会倾向于避免选择这些解决方案。这两种情况都存在一种危险，即委员会成员会仅仅因为认为“每个人都是这样想的”（级联效应）而赞同某项提案。

当宪法制定者为宪法选择议题时，他们会受到框架性偏差的影响。“一个建议是，框架效应由选择行为中的系统性偏差造成，这种偏差源于情感系统所支持的情感启发。”为了解决选定的议题，宪法制定者创造框架，以适应现有的概念、心态和法律语言。他们遵循一条情感塑造的道路，所选择的框架既遵循自己的情感状况，也依赖于实施宪法的人的情感动员。“研究结果提供了一个模型，在这个模型中，框架性偏差反映了情感启发——通过它将潜在的范围较广泛的额外情感信息纳入决策过程。从进化的角度来看，这种机制可能具有很大优势，因为这种背景线索可能携带有用的信息，甚至是关键性的信息。忽视这些信息可能会忽略微妙的社会线索，这些线索传达（可能是无意识的）知识要素，使人们在各种环境下做出最佳决策。”

人们还应该考虑信息的生动性。“生动的数据比苍白的数据更容易被识别、注意和回忆。因此，生动的数据往往会对信念的形成和保持产生不成比例的影响。”

上述偏差大多出现在费城会议和法国国民议会上，在其他制宪会议上也可能出现过。费城会议的组成和美国的政治现实防止了极化效应，而级联效应在马雷区（Marais，“沼泽区”，1792—1795年法国国民公会中未被承认的多数派）短期的极端化情境中发挥了作用。极端厌恶解释了美国选举人团的缺陷，获得性偏差通过持续保持负面情绪而得到加强，这种偏差可以解释为什么只有民众代表的负面经历才能让建国者感同身受。当法国或美国代表自信地提到古希腊和其他宪法例子，并认为它们是充分的且相关的时候，代表性偏差开始发挥它的作用。具有戏剧性的单一事件提供了生动形象的信息，并得到起草宪法的精英们（以及大多数通过宪法的人）的认同。在费城，自我中心主义偏见在关于人性和暴民行为的假设中占据上风，它经常以阶层偏见的形式发挥作用。这种自我中心主义解释了早期大多数宪法制定行为中无视以前被排斥的群体的情况。相比之下，国民议会的同质性较低，更具有开放性。或许，这是自我中心主义的偏见不起作用且过去被排斥的较低阶层也被考虑在内的原因之一。

因为存在获得性偏差，在传统的宪法制定过程中，恐惧的经历发挥着决定性的作用。抢劫和私刑的事件越积越多，导致了1789年8月4日的大恐慌，这把法国《人权与公民权宣言》中的大多数其他因素排除在外。根据恐惧诱导出的偏见的要求，谢斯起义和乔治三世的暴政在制定美国宪法时被考虑在内，但与法国的状况相比，由这一经历所形成的框架更具有战略性。在美国案例中，宪法启发法在很大程度上源于恐惧引发的直觉，而不仅仅是恐慌、嫉妒和热情，就像法国8月4日夜晚所发生的情况那样。这些直觉在费城促成了减少认知偏差的制度，如两院制。同时，1791年法国发生的事件提供了一个悲剧性案例，说明了宪法制定者的认知偏差是如何通过决策环境的制度化而占据上风的，这种决策环境进一步助长了决策偏差。在法国，基于恐惧经历的审慎考虑被越来越多地回避（那些受这些观点指导的温和派代表也是如此），或者被带有阴谋幻想的偏执取代。浮夸的热情让基于激情的认知偏差满布于1791年宪法的文本当中（例如，不受制约的立法部门就是明证），而在导致罗伯斯比尔走向独裁的过程中，未经调解的对恐惧的预想与对各地敌人的联合怀疑一起占了上风。麦迪逊害怕群体激情，罗伯斯比尔则害怕他的同僚。

正是通过认知偏差，情感在宪法安排中发挥了重要的间接作用①，这不一定对决策不利。诚然，认知偏差——尤其是在制定宪法者激情澎湃的情况下未被加以说明的认知偏差——常常导致效率明显低下的解决方案，破坏了合法性。然而，认知偏差和由此产生的设计低效可能具有替代性的、与宪法相关的优势。例如，尽管从认知的角度来看过度自信可能是有害的，但其（如果成功地传递给民众）事实上往往会提高宪法的合法性，不能仅从产生手段—目的最优化的角度来评判宪法。

虽然情感引起的认知偏差似乎可以解释宪法委员会的内部决策存在许多短板和某些长期的效率问题，但极有可能出现的偏差会进一步引发新的问题。这种“非理性的”次优决策为什么能够持续这么长时间？当然，人们总是可以通过否认存在偏见和不完善来避免这个问题。毕竟源于认知偏差的宪法的不完善之处（并使之长期存在）表明了，我们生活在一个不完美的世界，一个无法从根本上纠正过来的世界，或者说，宪法的不完善并不重要，因为宪法的弊端很容易通过无视而解决。

我认为，由于偏见造成的宪法实际缺陷是次要的。认知偏差是存在的，但它往往能转变成为宪法方面的启发，即成为应用于宪法问题的成功经验法则：当你面对受控于激情的派系时，把它们划分开来并让其成员互相争斗。当你看到政治中的宗教会施加压迫时，就把教会从政治中移除，等等。

由偏见向启发的转化一定程度上与宪法选择的性质有关。名副其实的宪法选择比大多数立法选择更具战略性，因此必须避免某些产生偏见的公众反应。

自由宪法是恐惧立宪主义的战略选择。古典宪法的宪法启发法依赖于对人性的假设，特别是关于情感运作的方式。在恐惧的推动下，所谓的获得性偏差导致限制权力的制度安排，当最糟糕的情况出现时，这种

① 有越来越多的证据表明认知偏差以情感为基础。

安排是有益的，或者能阻止情况进一步恶化。事实上，正如埃斯克里治和费雷·约翰所言："人们可以在事后理解或捍卫（宪法的）设计选择，作为抵消最令人恐惧的决策偏差的策略。因此，宪法制定者将立法机关分为两个不同的议院，其中'上'院的成员任期长且交错开，他们应该会改善获得性启发和代表性启发的可预测性操作。"建国者为政治权力集中滥用的经历以及由此产生的对个人诚信的威胁所迷惑。他们的担心可能被夸大，而提出的相对僵化的制度性解决方案可能被看作不相匹配的预防措施。立宪主义成为不相称的预防措施和过度承诺的别名。

宪法分权可能会提高最糟糕情况发生的可能性，从而增加（通常是令人望而却步的）治理成本。由于在决策中恐惧占据支配地位，政府可能会变得拖延、瘫痪，从而导致成本高昂却效率低下。考虑一下诸如紧急情况下分权的成本，甚或是应对经济危机或犯罪的普通监管措施时分权的成本。想一想在授权立法、独立监管机构、加速程序等方面产生的一切代价高昂的宪法争论和相关的原则性抵制。恐惧情绪可能会排除宪法上可行的替代方案，例如，许多宪法明确禁止或限制通过公民投票来纠正政府暴政这一更强有力的控制民众的形式。

宪法设计考虑极端的、不可逆转的威胁，并将轻易背离宪法方案看作滑向暴政的表现。至少从洛克开始，立宪主义者就假设不能信任政府，即便是自己创造的政府，驯服它的方法也是通过预先承诺和采取预防措施。起草者任务的复杂性，以及将要受到管制的未来不确定性，在某种程度上造就了限制预先承诺的策略。

预先承诺 恐惧在现代立宪主义的形成中的突出地位产生了获得性偏差，这决定了要对不明确的攻击采取过度的预防措施（包括限制权利在内）。同时，宪法方面的启发法承诺了权利，它们通过预先承诺的方式确认了自由。这种预先承诺（以对某些程序性权利的过度保护、对紧急权力的正式限制等形式）把宪法规定的偏差制度化，这有助于防范"令人生畏的风险"问题：这些风险会导致内心产生恐惧和不可控感。

什么因素构成有效的预先承诺？这是检验宪法的终极问题。在信仰条款和盟约失效的情况下，宪法必须是一种可信的预先承诺，其目的是应对社会因忽视低概率、无法预见的事件（主要是政治性方面）而造成的麻烦。制度设计是为了履行宪法的承诺。其余的工作关乎制度性的路径依赖。宪法难以改变的概念框架所增加的制度惯性，将会一直反对缺乏历史记忆和普通政治家的短视。宪法启发法将把建国者“对失去自由的恐惧”这种逻辑强加给后代，尽管后者缺乏建国者悲惨和恐惧的经历，也没有兴趣去猜想类似事件的发生。

路径依赖不仅关乎制度自身利益和惯性的问题，也关乎心理问题。概念（以及更小范围的类别）、语言和权威性参考都可以塑造制度行为与应对公众情绪。宪法通过为问题构建提供框架（比如基于“让 99 个罪犯逍遥法外比让 1 个无辜者被定罪更好”这一无罪推定理念）①、理念（被律师推崇为“原则”）或宪法语言的要素，来创造出自身的认知偏差（假设）②。宪法基本的词典编纂式决策会塑造对宪法问题的思考，或者更确切地说，它允许将社会政治事件塑造、分类和界定为宪法事件。当然，宪法产生的影响也由制度设计所决定。宪法规定的制度一旦确立，将会把其宪法方面的偏见强加给其他制度和社会行为。在某种程度上，这些偏见是由制度本身发展出来的，就像宪法审查过程中形成的概念一样。至少它是一个总体规划，但它也容易出错，且确实经常遭遇失败。可以理解的是，“尽管我们有能力构建象征性文化，并为其实施建立必要的制度，但似乎并不擅长将创造导向至我们所宣称的追求的目标”。

预防措施 宪法将基于道德直觉和认知直觉的预防原则制度化。这可能也不符合理性的效用模式，但效用理论在处理低概率、不可逆的巨大损失（伤害）时可能有困难。此外，从建国者的经验来看，失去自由的概率并不低，其造成的部分损失汇集起来，就会不成比例地增加负面事件发生的可能性。

尽管有预防措施，但突然和不可逆转的变化依然有可能发生，而这些都在宪法框架之外。在这种情况下，宪法设计允许暂时偏离分权和权

---

① 鉴于对无辜者定罪的发生率相对较高，这些框架依然是不足够的。

② 只有在犯下严重罪行的情况下，总统才会被免职，他的恶行必须只在这一框架中被看到。

利方案。宪法启发法设计得并不僵硬。在社会语境下，“僵化和狭隘并不是我们评价习惯的固有特征，而是反映了灌输和触发这些习惯的缺陷。结构合理的反思并没有凌驾于我们的启发式方法之上，而是将它们作为灵活的输入整合到审议中”。

对于那些不符合理性制高点且代表某种社会文化在情感方面的胜利的方法，把它们制度化和精神性强化，本身并不是一件坏事。基于情感的直觉不一定是理性的敌人，特别是在复杂性和不确定性不可避免地使理性受到约束的情况下。“数据表明，由理性支配的决定并不总是好的，而由情感支配的决定并不总是坏的。”这一点超越了个人决策层面。

复杂性和不确定性 宪法处理的复杂问题部分源于对未来事件和结果的不确定性。“如果问题很复杂，委员会可能会不知所措而瘫痪（信息过载），或者由于考虑过多的信息而偏离正确但极端的立场（稀释效应），并可能因此过度顺从其他决策者（过度警惕）。”如果需要考虑的问题太多，就不可能做出最佳决策，或者根本无法形成决策，或者做出看似武断的决策。处理复杂性的一种方法是依照宪法规定的优先次序来解决，例如，设定价值优先次序和基于价值的机制优先次序，如议会在立法或成员豁免权问题上的最高地位或重要性。这些优先级将优化决策。

面对宪法的复杂性，可以通过尊重未来的决策者来避免信息过载，他们的任务是制定具体的政策。宪法文本留有足够的空间，以避免产生在将来行不通的妥协方案①。

不确定性加剧了早期宪法制定者不得不面对的政府复杂性。没有人能够预测新的安排（就像一个广阔领土国家的群众代表）实际会如何运作。这同样适用于联邦行政权力和民选总统。在这一点上，我们能参考的一手资料只有乔治三世统治的糟糕经历和州长那几年的任职经历。宪法的制定者牢记这些教训，并且依然对其心有余悸，因此能克服获得性启发式的负面影响——它不可否认地仍在发挥作用。他们一定程度上依

① 法兰西第五共和国的宪法提供了一个很贴切的例子。

赖于一种特定形式的稀释（另一种认知偏差）：他们故意让某些事情悬而未决，甚至以减少预先承诺为代价。除了少数例外，美国行政部门的权力界定模糊。尽管存在重要且不可避免的冲突，但这种模棱两可的做法确实让适应和发展成为可能。1791 年法国更为严格的分权制度在第一次危机中就惨遭失败。从事后的“完全知晓”的角度来看，对不可预见的复杂情况进行严格处理可能不会产生完美的解决方案。但是，在宪法制定者选择让事情悬而未决的地方，他们会避免自己的认知偏差占据上风。强制推行某一种具体的解决方案会有产生连锁反应的风险，并导致极端主义。“当宪法制定者模棱两可或含糊不清时，他们可能是有意为之。他们希望这种做法在未出生的后代看来是意味深长的，而不是局限于其时的时代意义。”

不确定性造成的决策困难与复杂性造成的困难相似。宪法必须塑造未来，而在这种不确定性的层面上，似乎无法做到优化。由于宪法必须保证所有人共同生活在一个分裂的社会中，宪法法律往往没有确定优先次序。开放的概念使得额外增加的人权无止境地被添加进来，最后导致了权利的膨胀，形成一些宪法并没有认可的考量或者诸如安全等尚未明确的价值。

减少复杂性需要经验法则，而具有道德意义的行动需要“快速且节俭”的启发法。宪法包含一些默认规则，从程序性推定（如无罪推定）到选择退出规则（如器官摘取）。其中一些默认规则反映了强烈的情感形成的更深层次的道德直觉，另一些默认规则反映了文化上的“直觉”，它们至少不会引起道德上的强烈抗议。体现复杂性归约的宪法启发法反映且同时也塑造道德直觉，它能够在适用于器官捐献者的不同国度得到说明。法国采取推定同意制度，同时也有选择退出的可能性，而在美国要成为捐献者必须进行注册。大约 28%的美国人选择加入，而法国大约 30%的潜在器官捐献者由于遭到反对——大部分反对意见来自亲属——而未加入。默认规则很可能反映了一种关乎身体、宗教、先进的医疗保健和社会对医疗服务的理解的普遍文化概念。但默认规则会受到情感调整的影响。例如，一旦公众情绪被调动起来反对那些被认为是医疗不尊重的行为，法国的制度就发生了彻底的变化。1991 年，特斯尼埃尔（Tesniere）的父母原本同意从在事故中丧生的儿子身上摘取一些器官，但在亚眠（Amiens）医院的停尸房里看到他们捐赠的儿子的遗体时，他们震惊了；恐怖的景象和他们内心的愤怒促使他们开展了一场反对现行法律的运动。亚眠医院事件之后，即使死者没有选择退出，征求家属的同意也成了惯例。以尊严这一包罗万象的概念之名，即使违背了社会的需求，家属的愿望也得到尊重，就如同尊重死者的愿望一样。

三、模式的有效性

经典宪法把那些塑造变革性宪法的成功社会运动中普遍存在的情绪重新整合并定调。

一旦通过制度化的方式选择了公众情绪，制度就设定了认知的框架。宪法凝结的情绪是个体、政治行动者和民情民意要了解的内容。

一旦自由主义宪法出台，即使没有宪法情感的积极支持，模仿也会随之而来。就依赖于组织良好的宪法守护者的宪法而言，强制性学习被认为是理所当然的——这些宪法守卫者按照制度设计行事。制度安排会带来模仿和复制。就宪法而言，也存在推动模仿的外部制约因素，至少在国内，情况确实如此。情感结构可以在后天文化的帮助下代代相传，在情感延传方面，制度所发挥的作用是突出的。这些模式的基本设置中基本上没有与公众情绪对立。因为政府倾向于依赖类似于 18 世纪激励美国和法国公众的权力滥用，因此宪法对政府权力滥用的预防具有普遍意义。人权和立宪主义反映了历史的偶然性，但一旦它们开始被普遍接纳，就会成为这些权利和原则应作为普遍事实的“证明”而被接受。现有的结构具有精神上的殖民力量（在此也不无关系，有着文明宪法的国家恰好是成功的殖民者）。

为现代宪法确定风格或流派的经典宪法体现了情感驱动的热情创作行为。在创作过程中，参与者意识到他们的创作可能会在情感方面产生持久的影响力。他们在“全世界的注视下”行动，为后世把公众的情绪编纂成法典。情感“被编码成符号……唤起运动的最高团结性。对1789年法国大革命的情感共鸣的记忆是如此强烈，以至于反叛的政治运动试图重现那一时刻。这是具有指导性的情感意象，一直到20世纪初”。

创造具有特定的力量。在这方面，我引用德里达（Derrida）的话，他提醒我们，甚至就公众情绪而言，其基础也是表演性暴力，“关于基础或制度的关键时刻……相当于创立、启用、证明法律和制定法律的行动，将包括一场武力政变，一场表演性的因而也是解释性的暴力”。这就是为什么尽管挪威与更现代化的法国的社会关系如此不同，但1791年的法国宪法可以作为1814年挪威宪法的灵感来源①，而且它对这个遥远的北欧国家的政治结构保持着具有主导性的解释权。而在创造的背后有一个预置的基础性因素，尽管它在根基上是武断的暴力行为，但我们不能完全忽视预先存在的道德倾向。

在过去的两百年里，有几百部宪法诞生，其中只有极少数宪法可以与经典宪法相媲美。所有的宪法都或多或少模仿18世纪末被接受的类型。虽然诸如“模仿”和“意欲适应这种类型”等话语听起来可能带有贬义性质，但这并不是要否认存在实际的宪法情感，即使在复制粘贴式的制宪过程中会发生真正的情感动员。我们常常为最终能够自由复制（或“借用”）而感到自豪。毕竟，制定宪法是终生难忘的大事，值得人们骄傲，它甚至会使这些被榨干的律师和疲惫政客产生特殊的情感。但促使制定宪法的危机越不激烈，宪法情绪的作用就越小。制定宪法是因为一个现代国家必须要有一部宪法，而那些控制宪法起草过程的人将推动最有利于其权力延续的法条形成。在这样的实践中，人们不怎么需要考虑公众情绪（或许民族主义情绪除外）。

为了概述宪法情绪在制定宪法的不同环境中的作用，我遵循乔恩·埃尔斯特（Jon Elster）关于制定宪法的分类。他认为以下这些因素是制定宪法的主要依据：

- 社会和经济危机，如1787年美国宪法或1791年法国宪法的

① 在1814年的宪法中，国王由选举产生，他没有绝对的否决权。

制定。

● 革命，如1830年法国宪章或1848年法国和德国宪法的制定。

● 政权崩溃，如20世纪70年代中期南欧和90年代初东欧新宪法的制定；害怕政权崩溃，就像1958年法国宪法的制定一样，那是戴高乐在军事叛乱的阴影下强加的。

● 战败，如第一次和第二次世界大战后的德国，或第二次世界大战后的意大利和日本。

● 战后重建，如1946年的法国。

● 建立新国家①，如第一次世界大战后的波兰和捷克斯洛伐克（或美国内战后的南方重建）。

● 从殖民统治下解放，如1776年后的美国和1945年之后许多曾经的殖民地。

在宪法强制的情况下，特别是在战争和革命（失败）的时候，战争中惊恐的失败者会听从胜利者的命令。普遍存在的感觉是听天由命②。这不是一种具有创造性的宪法情绪。面对战败后即将到来的革命，恐惧更有创造性，它可能导致产生设想的预期，会推动接受预期的指令。1919年的魏玛宪法便是如此。魏玛宪法的一些基本解决方案，如关于议会制甚至是共和政体的解决方案，是在1918年战争失败造成的恐慌中出现的③。但是在魏玛共和国，当基本的恐惧消失，革命的希望破灭，不满情绪就开始蔓延，宪法也失去了公众的支持。

1949年的《德意志联邦共和国基本法》不仅反映了对极权主义回归的担忧，也反映了对魏玛混乱的担忧：它有一个关于紧急立法的扩充部分，以打破使魏玛陷入瘫痪的那种立法僵局，但第81条在联邦共和国从未被使用。然而，《德意志联邦共和国基本法》的制定不能被简化为面向过去的恐惧。它反映了使德国重新融入西方联盟的务实性的国家和国际需求。经济上的成功成就了其余的工作。

---

① 独立战争后民族国家的建设属于这一范畴，1948年的以色列就是如此。

② 对日本宪法的一种解读是，它表达了美国人在1945年感受到的恐惧、不信任和蔑视。

③ 对新兴革命力量的让步也是一个重要的考虑因素。

在出现危机的情况下，对政府暴政的恐惧发挥了作用；在革命后的宪法制定过程中，以及在试图阻止政权崩溃时，都出现了对无政府状态的恐惧（特别是对革命可能继续下去的恐惧）。一些宪法反映了对政治敌人的恐惧、不信任、仇恨和报复心理，这或许解释了 1917 年墨西哥宪法中适用于神职人员的限制性规定。独裁后的宪法中的某些条款反映了对极权主义可能卷土重来的恐惧，这解释了为何存在关于激进民主的规则以及剥夺某些群体政治权利的默示或明示条款①。对人类尊严和平等的着重强调可能部分源于对过去压迫的恐惧。内战的危险也可能产生特定的影响：1958 年法国宪法（包括其紧急条款）的制定和接纳就属于这种情况，尽管蓝图本身的出现早于 1958 年的危机②。

新国家的形成是基于身份的提升，以及对否定（集体）身份的恐惧。这是民族国家形成时的普遍情绪，往往会引发人们对新宪法最初的热情认同，提升其短期和长期的成功。在与语言、宗教和种族有关的问题上，围绕身份确认问题的恐惧和相关的焦虑，或对丧失身份和地位的联合恐惧是至关重要的。这些情绪影响了宪法对自治问题的认可。

然而，除了宪法对身份的设定（如民族主义情感和种族解放）以外，在后古典宪法中，所有关于宪法情感的提法仍带有一些猜测性。总的来说，我们没有传统的宪法制定所特有的生动的情感展示。这当然在一定程度上是因为从 19 世纪开始，在文化上就不鼓励展示情感，或者是因为在法律文化中展示情感变得具有破坏作用，在法律文化中，人们认为更高层次的价值观在立法上具有效力。有时，恐惧为接受宪法解决方案做好了准备，但这一点并没有被阐明：宪法安排被看作可能引起恐惧问题的显而易见的甚至是“自然的”解决方案，即使没有具体引发恐惧。宪法被视作解决职业和智力问题的良方。在我们所谓的理性时代，政治话语已经从关注“共同情感”转向法律上可处理的事态。这里的“事态”指的是“公共秩序”，而不是公众情绪。那些仍能产生影响的情

① 1989—1990 年，总统制在匈牙利被排除在外，因为它被视作维持共产主义权力的一种方式。

② 这与戴高乐管理法国的视界相对应，这也许没有那么强烈地受恐惧的驱使。

绪，比如种族和宗教狂热以及民族主义，是值得怀疑的。宪法包容它们，甚至仅仅是考虑它们，都被认为会带来麻烦。

情感语言是一种主观性语言，这种主观性不能再被分享，取而代之的是令人放心的客观性，或对客观性的承诺。

人们主要从工具理性的角度理解当代宪法。就基本的宪法修正案和作为治理现代化的一部分的新宪法而言，这种工具性相当突出。这些修正案和新宪法是由现有机构撰写的，它们关注自我延续，例如，议会倾向于将议会制写入宪法。在机构的自我复制中，宪法情绪几乎没有立足之地。在任何情况下，如果宪法结构有意流于表面，并且不是后代的根本解决方案，那就不再需要宪法情感。

当代的宪法是不具变革性的。它们对“已知社会存在的假定”的影响很小，对克利福德·格尔茨（Clifford Geertz）提到的新国家，也就是后殖民国家来说，情况确实如此，在那里，“直接毗连和血缘关系”可能占上风。

宪法变成压迫和压制情绪的工具，事实上，宪法的技术中立性可能会让那些身份没有得到法律确认的人感到非常恐惧。如果我们看一下像欧洲宪法这样的例子（对其反对者来说，这是一个可怕的宪法怪胎，但对其支持者来说，这是进步必要的妥协工具），这就不足为奇了。宪法的通过仍可能触发积极的情感，并且在重申公民身份时会有一些过激情绪。但热情仍然是一种短暂的感觉，不会带来持久的认同。

宪法变成了一个自我参照的合法性问题，合法性既不是来自神一样的宪法的制定者，也不是来自制定过程中的特权时刻和祝福时刻。合法性来自公众的默许，并由宪法所涉及的传统主义加以强化。你不再需要真正的恐惧、愤怒或热情，情感的唤起被渴望取代，渴望防范那些不明显的甚至是被故意隐藏的威胁。在一个情感上（除了爱情故事）令人不安和让人怀疑的世界里，如今的宪法与隐藏我们自身的破坏性的文明计划融为一体。宪法是一幅拼贴画，由律师和法学教授的民族自豪感点缀，在其他地方有着良好的声誉。宪法的情感和魔力被廉价的模仿取代，这种模仿不允许真实的情感发展下去。宪法被认为是仪式的一部分。这并不是要否认务实性考虑和利益的重要性。但是，相较于官僚决定的国家有权势者的利益而言，宪法情绪是次要的。不足为奇的是，如今几乎没有宪法热情，除非宪法服务于民族主义的自我主张，而这很难给自由的立宪主义带来有力贡献。

即便如此，宪法凭借模仿或靠简单方便而存在的事实，并没有剥夺其残存的情感内容。宪法体现了那些使原初的宪法具有生命活力的情感。公众对宪法的默许（包括默许通过宪法来组织政治领域的观点），部分地基于对一些基本保障的隐性认同，以此确保避免因残酷引起的恐惧。大脑中进化形成的共同道德直觉，无论多么重要和有用，都不足以推动形成有利于立宪主义的公众情绪。立宪主义反映了一种特殊的历史性公众情绪，它在许多方面试图摆脱我们大脑中固有的动物性。这种公众情绪在根深蒂固的宪法制度及其文化的帮助下继续滋长。这种制度设置在当代世界变得很普遍，这要归功于立宪主义的精神扩张主义——一种有时真诚地希望融入国际大家庭的欲求，这也是期望实现现代化或赢得尊重的国家和人民的心之所向。在这些情况下，立宪主义通过复制过去来发挥作用。只要当时的公众情绪没有从根本上与原来的情绪相悖，立宪主义就可以存在下去，即使是以社会中无足轻重的事为代价。在一个半现代化的世界里，公众情绪没有通过公众的意见表达出来，在电视和视频网站打造的虚拟天地中，激情被当作事实，在这里，宪法情绪是没有意义的。这些与民众无关的、普遍存在的公开情绪如何破坏立宪主义，仍然是人们首要关注的问题。人们需要一本不同的书、一本关于反宪法情绪的书，来描述在“充斥暴力和堕落现象、人民只能在谎言中寻求庇护的社会”，又或者是，赢得认可的唯一途径是活在屈辱中。

美德伦理学与正确的行动：批评意见

［新西兰］雷蒙·达斯　著　赫秋晨　译　李义天　校*

摘　要： 雷蒙·达斯从规范伦理学当中一个至关重要的概念“正确的行动”切入，通过展示“道德品格”和“正确的行动”两个概念之间的严格区分，澄清关于美德伦理学理论的一个基本观点，即美德伦理学作为一种关注行动者内在道德品格和内在状态的伦理学类型，对于行动的解释和评价完全独特于后果主义和义务论的路径。达斯整理并提炼了20世纪以来对于美德伦理学复兴颇有建树的一些相关讨论成果，形成了“纯粹的”美德伦理学和三种“修正的美德伦理学”的理论逻辑模型。达斯认为，美德伦理学家不必通过试图回避或模糊“道德品格”和“正确的行动”之间的严格区分的方式，或是将“正当性”概念还原为“美德”概念的方式，以迎合那些针对“纯粹的”美德伦理学无法提供“行动指南”的批评。达斯强调，美德伦理学的理论目标是以“实践推理”概念为核心，为“正确的行动”提供一种独特于义务论伦理学和后果主义伦理学的解释。需要特别注意的是，提供一种类似于“技术手册”的行动指南并不属于美德伦理学的考量内容，这也使“正确的行动”在美德伦理学中得到了更为丰富的理解。

---

* 雷蒙·达斯（Ramon Das），新西兰惠灵顿维多利亚大学哲学系高级讲师。赫秋晨，清华大学马克思主义学院博士研究生；李义天，清华大学高校德育研究中心教授。

关键词：美德伦理学　正确的行动　道德品格　实践推理　行动指南

根据一种自然的说法，美德理论在根本上同发展优良品格有关。总体来讲，它要解决的问题是，一个人应该成为什么样子。而根据另一种自然的说法，正确的行动在根本上要求提供道德指南。总体来讲，它要解决的问题是，一个人（在道德上）应该做什么。虽然这些说法绝非毫无争议，但它们共同强调了美德伦理学在解释正确行动时的内在张力。尽管美德伦理学将行为者品格或动机的内部状态作为理论基础，然而，关于人应该如何行动，任何合理的说明都必须考虑外部世界的特征，尤其是行动的预期后果。就上述思路而言，两种理论似乎具有完全不同的理论目标。因此，如果只从美德的角度来理解正确的行动，或者，只从正确的行动的角度来理解美德，将会令人感到奇怪。

道德品格（moral character）和正确的行动（right action）之间存在明显区别。尽管在一定环境下，一个人的品格对其行为来说是可靠的指南，但很难说它绝不会出错。经验告诉我们，有些情况下，人的行动并不出于自己的品格。有时，好人会做错误的事，坏人会做正确的事。对于这类情况，一种惯常的解释是，人们有时会“由于错误的原因而做出正确的事情”。通常，在一个人的行为和他的人品之间，总有可能出现某种道德“不匹配”。而且，这样的情况经常发生。我们所能够理解的是，一个人的道德品格不由某个单独的正确或错误行为所决定，甚至不由一系列这样的行为所决定。

对于美德伦理学来说，很难高估上述的惯常看法及其所示例的行为与品格之间的道德不匹配。可以看到，这些观点表明，一个行动的正确与错误不能由行为者的道德品格来决定，也不能由其他任何人的品格或行动来决定，无论他多么有美德。相应地，这也表明，提供恰当的人类行动指南，这种伦理考虑根本上并不属于美德伦理学（它与内在品格或动机有关）的考量内容。不过，这只是一个推测。现在，我们只是说明，为了理解上述道德的惯常看法，我们必须把一个人的内在道德品格同那些（在一定程度上）表现其品格的外在行动严格区分开来。

然而，正如我说过的那样，这么做是有争议的。近年来，许多美德伦理学的讨论都回避了我试图做出的严格区分。在赫斯特豪斯（Hursthouse，2006）那里，亚里士多德主义的“美德”是一种复杂的秉性，不仅包括感觉、欲望、情绪反应等的内在秉性，而且包括行动的倾向。类似地，茱莉亚·安娜斯（Annas，2006）也认为，发展美德品格的全部关键就在于繁荣或幸福，后者不能仅仅被理解为某种被动的“存在方式”，而更多地在根本的意义上涉及活动。同时，许多非美德伦理学家［以及一些美德伦理学家，包括范·齐尔（van Zyl，2011）和扎格泽博斯基（Zagzebski，2010）在内］也都反对说正确行动理论在根本上涉及提供道德指南。相反，他们觉得，针对正确行动的说明跟“是什么使得一个行动成为正确行动”的理论问题相关，并且区别于指导行动的实践问题。

尽管如此，我认为，当我们试图把美德伦理学理解为且评价为一种不同于后果主义和义务论——后果主义从产生良好后果的角度来定义正确行动，义务论则从与规则一致的角度来定义正确行动——的独特理论方案时，严格区分道德品格和正确行动是非常有益的，甚至是不可或缺的。聚焦于美德伦理学的最独特性质——以品格和动机的内在状态作为评价焦点——能够使我们看出它与其他伦理理论路径之间的相同性和不同性。相应地，这也能使我们发现美德伦理学在哪些地方面对独特的问题，又在哪些地方同其他的伦理学进路保持一致。

例如，一种最常见的反对美德伦理学的意见是，它不具有行动指南的性质：对于一个想知道自己应该如何采取道德行动的人，美德伦理学无法提供道德指南。这是一条重要的反对意见，但其实，在这一点上，美德伦理学并不比那些认为行动的正当性取决于实际后果而非预期后果的客观后果主义（objective versions of consequentialism）更糟（事实上，美德伦理学更好）。在我看来，这是因为，针对行动预测后果的考虑——它是关于一个人在道德上应该做什么的最低合理说明的核心部分——要么（在客观后果主义中）被明确排除在外，要么（在美德伦理学中）没有被当作一种根本独特的理论要素来使用。

美德伦理学家很清楚他们在行动指南上遭遇的反对意见，而且，许多人已试图通过修正自己的理论或是强调其中的某些方面而做出回应。我将指出，经过修正的理论依然会在所谓“美德的解释作用”方面——尤其是在它们的解释优先性方面——面临结构性的反对。其中最尖锐的意见是，尽管美德理论声称是从美德的角度来定义正确行动，但它们最终在关键之处以循环的方式，依靠“正当性”（rightness）概念来解释作为理论出发点的美德。更一般地说，我将试图表明，任何贴合上述惯常看法的、所谓的美德伦理学理论，在回答“是什么使得一个行动成为正确行动”这一问题时，都没有让美德发挥其应有的基本解释作用。因此，所有的美德伦理学理论都面临一个困境（Das，2003）：它们在直觉上变得合理，但却丧失了自己的美德伦理学特色。需要说明的是，这不是为了搞清楚我们是否可以将某种理论称作“美德伦理学”。这不重要。令人关注的问题在于，是哪些理论因素最根本地解释了正确行动的成因，以及在关键意义上，这些因素是否可以被合理地描述为品格或动机的内在状态。

因此，接下来我将假定美德伦理学的本质特征是，它在根本上（也许并非仅仅）依据品格或动机的内在状态来评价行动，而无论这些内在状态是属于某个实际的行为者还是某个假定极具美德的行为者。我们将看到，这些理论的最纯粹版本由于无法符合前面提到的那种惯常看法，因而面临严重的反对意见。在考察美德伦理学家如何回应这些反对意见时，我们发现，他们总是在削弱或限定正确行动与美德品格或动机之间公认的紧密联系。通过削弱这种联系，确实应对了主要反对意见，但也削弱了其理论主张所具有的美德伦理学特色。

在开始最重要的讨论之前，还有两点需要注意。第一，一些哲学家诉诸近年社会心理学的实验成果，认为根本不存在所谓的品格特征——至少不存在美德伦理学预设的那种品格特征（Doris，1998；Harman，1999），否则，就是犯了“基本归因谬误”（fundamental attribution error；Ross，1977）。认为不存在品格特征，这种结论太强了（Kamtekar，2004；Sreenivasan，2002)，而我下面的讨论没有以此为基础。罗琳·贝瑟-琼斯（Besser-Jones，2008）赞成这些批评者并且指出，这些实验最多表明，行动的倾向（基本上）不像人们通常认为的那样是品格的重要组成部分。我认为，即使是这种较弱的主张，从美德伦理学的观点来看也代表了有害的妥协，而且增长了主要反对意见的威风。

第二，应当指出，当代美德伦理学聚焦于提供一种关于正确行动的解释，这被认为明显背离了20世纪美德伦理学复兴最具代表性的哲学家的思想（Hacker-Wright，2010）。例如，伊丽莎白·安斯康姆（Anscombe，1958）和菲利帕·福特（Foot，1954）的早期著作，都没有打算构建某种正确行动概念。安斯康姆特别指出，“正确”和“应当”的概念如今无法得到融贯表达，因此，在现代道德哲学中最好摒弃它们。然而，这种观点并没有被人们广泛接受。美德伦理学对正确行动的解释，可能要比以往任何时候都更有兴趣。现在，我就转而批判考察其中一些作品。

“纯粹的”美德伦理学

可以认为，美德伦理学最独特之处或者说“纯粹的”美德伦理学，就是直接且始终从实际的行为者的内在状态（动机或品格特征）出发，或是从假定有美德的行为者在这种情况下将会如何行动出发，来定义行动的正当性。我把前者称为关于“纯粹的实际行为者”（PA）的美德伦理学，而把后者称为关于“纯粹的美德行为者”（PV）的美德伦理学。迈克尔·斯洛特（Slote，2001）和赫斯特豪斯（Hursthouse，1991）的著作分别呈现了这两种理论的最近似形态。他们的核心主张可以陈述如下：

PA 一个行动是正确的，当且仅当，它出于好的动机。

PV 一个行动是正确的，当且仅当，它是一个有美德的行为者在这种情况下将会采取的行动。

PA 所说的“出于好的动机”，简单而言就是指，相关行动实际上出自一个好的动机或品格特征，如仁慈、勇气、诚实等。尽管 PV 并未明确提及内在动机或品格（它提及的是一个有美德的行为者将会如何行动），但这有点误导性。可以假定，一个有美德的行为者之所以可以准确地做出正确行动，正是因为他具有美德，也就是说，正是因为他具有卓越的道德品格。因此，跟 PV 一样，PA 最终（也许不是直接地）也可以被证明为，它是根据有美德的动机或品格来论证行动的正当性。部分地由于这个原因，我将这两种理论放在一起，但通常情况下，两者是被分开讨论的，前者被称为“以行为者为基础”的理论（“agent-based” theory）。

纯粹的美德伦理学具有相当大的直觉吸引力。特别是当我们把某个行为描述为值得赞扬或值得谴责时，很明显，我们通常会关注这个行为背后的动机或品格特征所具备的道德性质（Kawall，2009）。这一点在有意的行为后果并未实现的情况下就变得特别明显。例如，一位女性勇敢地（然而并不愚蠢地）进入着火的房子去救一对夫妇的孩子，这样的行动是值得称赞的，即使她最终没能成功救出那个孩子。不仅如此，正如赫斯特豪斯（Hursthouse，2006）强调的，如果我们对一个人的行动背后的品格或动机有更多了解，那么，我们有时就会重新评估此人行为的正当性。她举了一个例子：一位同事在部门会议上直言不讳可能被认为是纯粹出于诚实，但后来发现，在这种情况下他其实往往避实就虚、善于表演。赫斯特豪斯认为，我们此前可能认为他的行动是正确而令人钦佩的，现在在发现了他的真正动机之后，则会认为他的行动是错误的。她的分析并非不合理，在微妙的人际关系中，我们对一个行动的评价在很大程度上是基于我们对行为者的品格或动机的看法。

尽管做出了这种让步，然而，纯粹的美德伦理学依然面临一些相当严重的反对意见。我之所以将 PA 和 PV 放在一起，主要原因就在于它们共有一种直接招致这些反对意见的结构性特征。具体而言，两者都假定，从广义上来讲，在正确行动和道德品格之间存在某种直接的、不变的联系。但是，如前所述，任何这样的美德伦理理论都必须处理我们所熟悉的一个经验事实，即在品格和行动之间有时存在道德的不匹配。例如，一个好人可能做错误的事，一个坏人可能做正确的事。特别是对PV的反对，看起来，即便是一个完全有美德的人在掌握了所有相关事实的情况下，也可能做出错误的行动——至少，如果他是一个有自由意志的人而不是一台仁慈机器的话［参见赫尔卡给出的相反观点（Hurka，2010）］。更常见的是，人们似乎总有可能出于错误的原因但做了正确的事情。

简言之，针对纯粹的美德伦理学——无论是关于“实际的行为者”的，还是关于“有美德的行为者”的——的主要反对意见是，它没有尊重体现在诸多情况中的道德上的惯常看法。我曾举过一个例子：一个男人跳进泳池去救一个溺水儿童，完全是为了给孩子的母亲留下深刻的印象，而并不是因为关心孩子的命运（Das，2003）。尽管这位男子的动机极其恶劣，但显然，他做了正确的事情。至少，他做了他应该做的事。这样的例子很容易举出很多。现在，我转而讨论主要的美德伦理学理论针对这些核心反对意见的若干回应。

修正的美德伦理学

美德伦理学家承认上述针对纯粹美德伦理学的反对意见是有力的，这一点至少可以从“几乎无人会为采取如此纯粹形式的美德理论做辩护”的事实中得到印证。为了回应这些反对意见，美德伦理学家采取三种主要策略。一直以来，第一种策略总是跟另外两种中的一种或两种相结合。第一种也是最核心的策略是，削弱或者限制正确行动与道德品格之间的直接联系。例如，不把正当性与实际的动机绑定在一起，而是根据一个行动“所展示或表达”的那些动机来定义它（Slote，2001；Doviak，2011）。不是根据有美德的行为者在这种情况下实际做什么来定义行动的正当性，而是根据有美德的行为者在这种情况下将会“典型地”做什么来定义行动的正当性（Annas，2004；Hursthouse，1999；Swanton，2003）。第二种策略则是对典型的美德行动进行更抽象的分析，例如，诉诸一个完全有美德的人将会“建议”去做的事情（Driver，2006），或者，诉诸他在这种情况下将会“同意”去做的事情（Tiberius，2006）。最后，第三种策略涉及，把正当性问题同行为指南问题严格区分开来（van Zyl，2011；Zagzebski，2010），并且指出，美德伦理学家可以坚持对前者给出一种独特的解释，但无须一定对后者也给出特殊的解释。

在不同程度上，这些策略都有效反驳了那些源于上述道德惯常看法的反对意见，以及其他一些相关反对意见。然而，我将指出，它们的成功主要在于它们诉诸了非美德伦理学的思考，或者说，诉诸了某些在理论上专门设置的内容。具体而言，正是这些非美德伦理学的其他思考，一以贯之地解释了为什么经过修正的理论没有违反那些道德上的惯常看法，也没有屈从于相关的反对意见。最后，我们并不清楚——至少在理论结构方面——由此产生的修正理论是否还能完全算作美德伦理学。

那么，让我们考察第一种策略，即削弱行动与品格之间的直接联系。我主要关注的就是这种策略。尽管在理论上具有根本和广泛的影响，但它在文献中却很少引起注意。例如，斯洛特（Slote，2001：16-17）就捍卫一种修正的“实际行为者”理论，它不讨论行为背后的实际动机，而是讨论行为“所展示或表达”的动机。类似地，赫斯特豪斯（Hursthouse，1999，2006）也在捍卫一种修正的“美德行为者”理论，它不关注有美德的行为者实际上会做什么，而是关注这样的行为者典型地（也就是出于品格地）会做什么。美德伦理学的这些修正版本可以表述如下，其中关键的修正处用黑体表示：

MA　一个行动是正确的，当且仅当，它**展示或表达了**一个好的动机。

MV　一个行动是正确的，当且仅当，它是一个有美德的行为者在这种情况下将会**典型地**（即出于品格地）采取的行动。

正如我已指出的那样，这些理论影响广泛，并且构成了过去十年美德伦理学大多数作品用以解释正确行动的理论基础。我认为，与“纯粹的”美德伦理学相比，这两者都包含了某种结构上的相似性，以及在我看来的某种功能上的非美德伦理成分。特别是，当纯粹的美德理论所持有的那种具备美德伦理学特色的正当性标准造成了直觉上错误的结果时（比如，与前述道德惯常看法相抵触），MA所说的“展示或表达”以及MV所说的“典型地”等术语，便作为各自理论的内置**例外**（built-in *exceptions*）而发挥作用。

为了搞清楚这一点，让我们考察一下MA和MV何以能够回应PA和PV所遇到的反对意见。具体而言，考察两种情况。一种情况是，一个彻头彻尾的坏人做出了人们直觉上正确的事情（如上面的溺水儿童案例）；另一种情况是，一个完全有美德的人做出了错误的事情。正如我们已看到的那样，这些情况构成了道德品格与正确行动之间通常关系（好的品格→正确的行动；坏的品格→错误行动）的例外情况，这也是为什么纯粹的美德伦理学无法解决这些问题。然而，经过修正的美德伦理学可以应对这些例外。比如，MA可以这样来回应第一种情况。尽管这个人实际上出于坏动机，但是，他援救溺水儿童的行动却“展示或表达”了一个好动机，比如仁慈。因此，MA会把这个行为当作应该去做的正确行为——这也是合乎直觉的正确答案。同时，MV也能够以如下方式回应第二种情况。在那些（也许很少见的）情况中，一个完全有美德的人之所以做出错误的事情，是因为他没有“典型地”去行动，也就是说，他没有出于品格地行动。所以，MA就把他的行为算作错误的行为。这同样也是合乎直觉的正确答案。

因此，像MA和MV这样经过修正的美德伦理学，面对道德惯常看法所引出的那些可能的反对情况时，就给出了正确的答案。此外，很明显，它们之所以能够回应反对意见，恰恰是因为它们利用了修正性的概念，如“展示或表达”或“典型地”。与纯粹的版本不同，正是这些概念解释了为什么修正的版本可以对那些情况给予正确的回应。因此，核心问题在于，这些关键概念是否发挥了某种具有美德伦理学特色的功能？它们是在支持——或者，至少没有破坏——美德伦理学的关键理念（即，道德正当性在根本上是一个合乎行为者的内在品格或动机的问题）

吗？很明显，它们没有做到这一点。相反，它们出现在 MA 和 MV 中，代表了一种隐秘的让步，即，道德正当性有时可以与品格或动机的内在状态不一致：即便是一个完全有美德的人也可能采取错误的行动。概言之，这些概念在理论上是专门设置的。它们主要是为了当 MA 和 MV 在涉及道德惯常看法的情况下给出直觉错误的答案时，为它们提供某种内置例外。若不是为了这个（非常重要的）目的，就完全没有理由包含这样的修正性概念，美德伦理学家也依然可以坚持他们更加钟爱的纯粹版本。

接下来，让我们转向美德伦理学家回应上述（及其相关）反对意见的第二种策略。这种策略采取了一种更抽象的方式来阐释经过修正的"美德行为者"理论（MV）。具体而言，这种策略不是根据一个完全有美德的人在此情况下将典型地做什么，而是根据这样的人将典型地建议或赞成什么或者是（在最抽象的层面上）遵循什么理由来定义正确的行动。其中，有一种理论认为，一个行动是正确的，当且仅当，该行动是完全有美德的人在这种情况下将会建议采取的。这基本上是关于正确行动的"理想观察者"学说（Driver，2006），它最近在实践哲学的其他领域也颇有影响（Svensson，2010）。然而，这种理论同样面临上述反对意见以及其他一些相关意见。我已讨论了前者，所以现在考察后者。

在后一类反对声中，讨论最广泛的反对意见也许关注的是那些揭示出普通人与完全有美德的人之间存在道德品格差异以及相应行为差异的情形。尤其是，似乎在很多情况下，一个普通人应该采取的行动在直觉上（相当）不同于一个完全有美德的人将会采取的行动（Johnson，2003）。针对"建议"理论，这种反对意见指出，认为一个完全有美德的人（没有品格缺陷）可以建议一个普通人（有品格缺陷）该怎么做，这样的看法具有内在紧张性。设想一个狂热的壁球爱好者艾德，他在比赛中输得很惨。虽然完全有美德的人在失败时仍会不失优雅地与对手握手，但是，艾德却因为自己的品格缺陷而无法做到这一点；如果他试着去做，结果却会是拿自己的球拍砸对方的脸（Smith，1994）。如果美德之人了解艾德的品格，便不会建议他和对手握手，而是建议他直接离开球场。他所给出的这个建议就会跟他自己在此情况下将会采取的做法不同——后者（有人认为）实际上是正确的做法。

有人建议说，一种聚焦于完全有美德的人将会赞成什么的理论，可以反驳这种反对意见（Svensson，2010）。大致说来，该理论认为，一个行动是正确的，当且仅当一个完全有美德的人将会典型地赞成该行动（Kawall，2002）。尽管美德之人不一定建议艾德同对手握手（因为他了解艾德的品格），但他还是会赞成艾德同对手握手（尽管这不大可能）。

暂且不管针对“典型地”这个修饰语的疑虑，我认为，这种更抽象的“美德行为者”理论也许可以有效地回应上述诸多反对意见。而一个更加抽象的版本（Tiberius，2006）——它认为，一个行动是正确的，当且仅当，该行动合乎一个完全有美德的人在此情况下将会遵循的行动理由——则因为甚至无须“典型地”这个修饰语，而可以规避迄今为止我们所讨论的任何反对意见。但是，它能否堪称一种美德伦理学理论却十分可疑，因为我们并不清楚，美德概念是否承担了根本性的解释工作。我们之所以应该遵循美德之人的理由而行动，是因为它们是好的理由，而不仅仅因为这些美德之人依据它们而行动。事实上，它们是好的理由，这可能恰好解释了遵循这些理由而行动的美德之人的出发点。好的理由，并不会因为美德之人倾向于遵循它们而行动的事实，便获得任何证成性力量或解释性力量（不同的观点，参见McDowell，1979）。简言之，最后这种理论看起来是以理由为基础的（reasons-based），而不是以美德为基础的（virtue-based；Svensson，2010）。

我将简要谈谈美德伦理学家用于回应上述反对意见的第三种策略，它或许也是最激进的策略。该策略区分了道德正当性问题和行动指南问题，在它这里，两者在某些特定情况下可能并不相干。例如，在上面提到的溺水儿童例子中，我们有可能既否认那个人的行为是正确的，但又承认他做了他应该做的事（van Zyl，2009，2011）。这可能听起来很奇怪（对我来说确实如此），但是，这样的区分在后果主义的作品中非常常见。再说一遍，在这个领域，美德伦理学没有比客观后果主义更糟糕。可以说，这种策略能够得到支持，是因为对于一种伦理学理论来说，充当行动指南究竟意味着什么这一点并不像人们想象的那么简单（Feldman，2006，2012）。这或许表明，伦理学家应该把注意力放在设定正当性标准的问题上，而不要对于他们的理论是否构成行动指南这个模糊的问题过于忧心忡忡。

尽管存在这样的看法，但我认为，切断正当性和行动指南之间的联系是非常令人不满的，它象征着理论的绝望。尤其是，它带来了下面这个令人困惑不安的问题（Mason，2013）：对于一个试图决定自己应该在道德上采取何种行动的人来说，一种甚至连装都不装出点用处来的伦理学理论还有什么意义呢？主要由于这个原因，第三种美德伦理学的回应策略给我留下的印象，与其说是对上述反对意见的一种反驳，不如说是一种让步，即它们无法以美德伦理学所特有的方式来回应反对的声音。

反对美德伦理学

关于这个问题，我主要聚焦于美德伦理学的核心理论特征，或者说结构性特征。我主要是要表明，围绕正确行动而给出一种具有美德伦理学特色且在直觉上具有合理性的解释方案会是多么困难。然而，一定有读者准确地觉察到，在聚焦于理论结构时，我尚未触及更广泛的美德伦理学精神。毕竟，美德伦理学如今已经广受欢迎，充盈着许多当代道德哲学家的想象空间。批评者应该正视这个事实。在最后一节，我将处理一些更广泛的美德伦理学主题，尤其聚焦于它们在赫斯特豪斯和茱莉亚·安娜斯的新近作品中呈现的形态。我会试着把自己的批评意见同上面提到的那些主要的理论结论结合起来。

那么，这些更广泛的美德伦理学主题是什么呢？首先，与其他伦理学理论相比，美德伦理学被认为表达了一个更丰富的“正确行动”概念。这个概念不局限于行为的物理表现和外部影响，它还包括各种内部状态，如欲望、感觉和出于正确理由而行动的秉性。如果我们想要充分理解道德对于我们的重要性，那么，这种更丰富的正确行动概念乃是值得追求的，或许还是不可或缺的。虽然在一般道德环境下，我们可能不需要它，但是，如果我们愿意实现道德进步——比如，为了让我们的孩子道德上有进步——那么，我们就会经常地（也许是隐秘地）诉诸这种更丰富的概念。此时，我们将正确行动“提高标准”，渴望达到完全有美德的行为者在“不仅出于正确的理由，而且拥有恰当的情绪”的状态下所设定的崇高目标（Hursthouse，2006：109）。此时，我们似乎会——在美德伦理学的精神感召下——承认，过真正的道德生活乃是一种理想，是一种即使我们意识到永远无法完全实现它也依然值得追求的理想。

其次，如果不理解实践推理（practical reasoning）的核心作用，就不可能恰当地理解美德伦理学。美德绝不只是一种习惯，而是出于理由而行动的秉性。它是一种复杂的秉性，关系到出于正确的理由、凭借恰当的方式而做出正确的事情。又由于这种秉性是通过行为者的实践推理得以践行，因此，它的确立仰赖于伦理抉择。而确立的过程就是道德教育的过程，这绝非一朝一夕就能学到。行为者需要在自己的每个发展阶段都用心思考（并试图理解），自己做了什么，以及为什么要这样做（Annas，2006：526－527）。

再次，美德伦理学反对把伦理理论看作（电脑使用说明那样的）“技术手册”（technical manual），可以用它来指导任何有能力的读者采取道德行动。这种模型意味着，任何一个聪明的年轻人——甚或一个价值观和道德品格扭曲的人——都能在智识上掌握关于正确行动的理论，从而成为道德建议或道德指南的可靠来源。对此，美德伦理学认为这是荒谬的。一个人不可能仅靠阅读一本伦理学书就成了一个美德之人，或者成了一个道德行动的专家。无论是年轻人还是恶棍，不管他们多么聪明，都不是我们寻求道德建议的对象。这表明，试图严格区分正确行动和道德品格的做法是有问题的。这还表明，那种将伦理学理论视作技术手册的整体图景——伦理学可以提供一种“决策程序”、一套特定的指令，它们会在任何情况下告诉任何行为者应该做什么——在根本上具有误导性。

最后，尽管美德伦理学（至少是亚里士多德主义的美德伦理学）的目标是为正确行动提供一种独特解释，但是，这绝不是要将正当性概念“还原”为美德概念，也不是要将某些重要的道德概念还原为另一些道德概念。相反，美德伦理学所追求的道德概念数量比一般情况更多，其中包括善、恶、值得的、有利的、快乐的、必要的等，这里只是一部分例子。美德伦理学更感兴趣的是阐明这些概念之间的种种联系，而不是试图将这些概念还原为另一些概念（Hursthouse，2006：101）。

我认为，这个简短的总结有很多吸引人的地方。而我在回应里则试图把我认为合理的内容和不合理的内容区分开来，进而表明，在这番论述中，最合理的要素却是最不具有美德伦理学特色的东西。

我从最合理的内容开始，即实践推理对于美德伦理学的重要性。在我看来，把美德理解为凭借行为者的实践推理而得以践行的一种秉性，并认为它是通过做出伦理抉择而确立起来的，这种看法确实是正确的。根据我的理解，该看法的意思是，成为一个有美德的人、成为一个更好的人的方法就在于（努力）做出好的伦理抉择，并（基本上）依照这些抉择而行动。这看起来确实很对。但这也对美德伦理学提出了两个问题。首先，强调实践推理的重要性，这似乎算不上特别具有美德伦理学的特质。比如，各种类型的伦理学家一般都不会断言其理论的全面性，而只是补充说，在具体情境中采取正确的行动（当然）需要一个人运用判断——这只不过是换了一种说法来说正确的行动需要好的实践推理。

其次，更深层次的问题源自把美德理解为一种秉性，其发展最终取决于人们的伦理抉择。而伦理抉择——正确的抉择——当然跟正确的行动密切相关。导致一个行动是正确的那些原因，即使不完全等同于，也非常近似于造成一个选择具有伦理正确性的那些原因。但是，在解释作为秉性的美德的初始发展过程时，“正确”概念却扮演了核心角色。大体上讲，我们是通过正确地行动而变得有美德的。非美德伦理学家同样赞成这些观点，因此，很难看出它何以具有美德伦理学的特色。如果美德就是一种通过做出伦理正确的抉择而确立的秉性，那么，这似乎是在用“正确”解释“美德”，而不是相反。这个重要的观点也跟美德伦理学的主张有关，即不需要一定把“正确”概念还原为“美德”概念。我们虽然可以接受这个主张，但是美德伦理学却必须能够表明，至少在某种重要的程度上，美德概念是在解释什么是正确的行动。正如我已指出的，这种解释似乎跑反了方向。

接下来，让我们考虑一下我们有时使用的那个更丰富的“正确行动”概念，其中就包括拥有恰当的内在状态。我承认，这个主张存在一定的合理性（亦参见前述赫斯特豪斯提出的“善于表演的同事”案例）。当一个孩子言不由衷地说出“对不起”的时候，我们不会告诉他，也不会对自己说，因为说了正确的话，所以就做出了正确的行动。显然，这个孩子并没有做到人们期望他做的所有事情。然而，即使如此，我们也仍然可以不必扩展“正当性”观念就能把握我们试图表达的东西。我们想表达的是，有时候，仅仅做正确的事是不够的。有时候，一个人不仅需要去做正确的事，还要以正确的方式、出于正确的理由、带着正确的情绪去做。简言之，（完全）恰当的道德反应有时候——或许常常——总是呈现出多层次的复杂性。但是，为了理解这一点，我们并不需要扩展正确行动的概念。

我认为，在上述总结中，最没有说服力的就是反对把伦理学模型看作技术手册，说得更具体点，就是认为年轻人和价值观扭曲的人不可能成为该做什么、该如何生活等道德建议的好的来源。如果美德伦理学被批评为精英主义和排他主义的学说，部分原因可能就在于此。就美德伦理学家普遍接受该观点而言，颇为讽刺的是，他们中有许多人都是从一个相信有人天生为奴（Aristotle，1981：ⅲ-ⅶ；1985：Ⅶ）的人那里获得启发的。更严重的是，针对技术手册模型及其含义的批评似乎就是错误的，或者说，至少非常需要做出某种区分和限定。

需要做出的区分就是，“成为有美德的人”与“有能力知道或做出正确的事情”是两码事。而需要给出的限定则是，只有前者才是年轻人和恶棍极有可能无法达到的。因此，或许可以肯定的是，非常聪明的年轻人以及不知廉耻的恶棍无法成为完全有美德的人。然而，年轻人不仅有可能弄懂并且做出正确的事情，他们还经常在这方面教给我们这些人某些重要的内容。最近关于布拉德雷·曼宁（Bradley Manning）的例子，就可以很好地说明这一点：他在2013年——时年22岁——被美国政府定罪，因为他为了揭露美国在伊拉克和阿富汗政策问题上的道德败坏而勇敢地曝光了成千上万份机密文件。这类例子并不少见，而且，它们揭示出美德伦理学的另一个存在问题的特征。美德伦理学的正确行动概念不适合处理政治方面的问题，因为，针对这些问题的回答很大程度上取决于外部世界的事实，而很少依赖于行为者内在品格的状况。

最后，让我们考虑美德伦理学的如下观点，即过上真正的道德生活乃是值得奋斗的理想。实现该理想的主要困难，或许就在于人们很难实现可欲的内在品格状态，即完全有美德。人们可能想，既然仅仅去做正确的事情就已如此困难，那努力追求这种内在的美德又有多重要呢？在我看来，答案是，不是特别重要。需要澄清的是，我并不是说，拥有美德的内在状态没什么价值。相反，我的意思是，把美德作为首要或直接的关注点，不大可能是成为美德之人的好方法。就像先前说过的那样，最好的方法在于聚焦正确的行动。这几乎是任何行为者，无论其道德品格如何，都可以立即着手的事。一个人只要有了道德承诺，再加上一点运气，就可以在通往美德的道路上行稳致远。

参考文献

Annas，J. 2004. “Being Virtuous and Doing the Right Thing.” *Proceedings and Addresses of the American Philosophical Association* 78：61－75.

——2006. “Virtue Ethics.” in D. Copp ed. *The Oxford Companion to Ethical Theory*. Oxford：Oxford University Press.

Anscombe，G. E. M. 1958. “Modern Moral Philosophy.” *Philosophy* 33：1－19.

Aristotle. 1985. *Nicomachean Ethics*. translated and with an introduction by Terrence Irwin. Indianapolis: Hackett Publishing.

——1981. *Politics*. translated by T. A. Sinclair, revised by T. S. Saunders. New York: Penguin Classics.

Besser-Jones, L. 2008. "Social Psychology, Moral Character, and Moral Fallibility." *Philosophy and Phenomenological Research* 76: 310 - 332.

Das, R. 2003. "Virtue Ethics and Right Action." *Australasian Journal of Philosophy* 83: 324 - 339.

Doris, J. 1998. "Persons, Situations, and Virtue Ethics." *Nous* 32.

Doviak, D. 2011. "A New Form of Agent-Based Virtue Ethics." *Ethical Theory and Moral Practice* 14: 259 - 272.

Driver, J. 2006. "Virtue Theory." in J. Dreier ed. *Contemporary Debates in Moral Theory*. Malden, MA: Blackwell Publishing.

Feldman, F. 2006. "Actual Utility, the Objection from Impracticality, and the Move to Expected Utility." *Philosophical Studies* 129: 49 - 79.

——2012. "True and Useful: On the Structure of a Two Level Normative Theory." *Utilitas* 24: 151 - 171.

Foot, P. 1954. "When is a Principle a Moral Principle?." *Aristotelian Society Supplementary Volume*.

Hacker-Wright, J. 2010. "Virtue Ethics without Right Action: Anscombe, Foot, and Contemporary Virtue Ethics." *Journal of Value Inquiry* 44: 209 - 224.

Harman, G. 1999. "Moral Philosophy Meets Social Psychology: Virtue Ethics and the Fundamental Attribution Error." *Proceedings of the Aristotelian Society* 99: 315 - 331.

Hurka, T. 2010. "Right Act, Virtuous Motive." *Metaphilosophy* 41: 58 - 72.

Hursthouse, R. 1991. "Virtue Theory and Abortion." *Philosophy and Public Affairs* 20: 223 - 246.

——1999. *On Virtue Ethics*. Oxford: Oxford University Press.

——2006. "Are Virtues the Proper Starting Point for Morality?." in J. Dreier ed. *Contemporary Debates in Moral Theory*. Malden, MA: Blackwell Publishing.

Johnson, R. 2003. "Virtue and Right." *Ethics* 113: 810 - 834.

Kamtekar, R. 2004. "Situationism and Virtue Ethics on the Content of Our Character." *Ethics* 114: 458 - 491.

Kawall, J. 2002. "Virtue Theory and Ideal Observers." *Philosophical Studies* 109: 197 - 222.

——2009. "In Defense of the Primacy of the Virtues." *Journal of Ethics and Social Philosophy* 3: 1 - 21.

Mason, E. 2013. "Objectivism and Prospectivism about Rightness." *Journal of Ethics and Social Philosophy* 7: 1 - 21.

McDowell, J. 1979. "Virtue and Reason." *Monist* 62: 331 - 350.

Ross, L. 1977. "The Intuitive Psychologist and His Shortcomings: Distortions in the Attribution Process." in L. Berkowitz ed. *Advances in Experimental Social Psychology*, 10th edition. New York: Academic Press.

Slote, M. 2001. *Morals from Motives*. Oxford: Oxford University Press.

Smith, M. 1994. *The Moral Problem*. Oxford: Blackwell.

Sreenivasan, G. 2002. "Errors about Errors: Virtue Theory and Trait Attribution." *Mind* 111: 47 - 68.

Svensson, F. 2010. "Virtue Ethics and the Search for an Account of Right Action." *Ethical Theory and Moral Practice* 13: 255 - 271.

Swanton, C. 2003. *Virtue Ethics: A Pluralistic View*. Oxford: Oxford University Press.

Tiberius, V. 2006. "How to Think about Virtue and Right." *Philosophical Papers* 35: 247 - 265.

van Zyl, L. 2009. "Agent-Based Virtue Ethics and the Problem of Action Guidance." *Journal of Moral Philosophy* 6: 50 - 69.

——2011. "Right Action and the Non-Virtuous Agent." *Journal of Applied Philosophy* 28: 80 - 92.

Zagzebski, L. 2010. "Exemplarist Virtue Theory." *Metaphilosophy* 41: 41 - 57.

美德的几种模式

［美］南希·斯诺　著　李义天　赵　嘉　译　朱慧玲　校*

摘　要： 以安斯康姆在 1958 年发表的《现代道德哲学》对后果主义和义务论为核心的现代伦理学的批判为起点，当代哲学开始关注与探讨美德，试图充实美德概念，赋予其更多的实质内容。其中，“美德伦理学”与“美德理论”作为两个主要的思想流派，围绕着美德概念及其本质展开了争论。基于 20 世纪末 21 世纪初关于美德伦理学与美德理论的作品和思想的考察，当代西方哲学家提出美德的几种模式，从不同的研究视角将美德概念解释为：作为一种品格特征的美德，作为一种知觉能力或敏感性的美德，以及作为一项技艺的美德。

关键词： 美德　模式　品格特征　知觉能力或敏感性　技艺

引　言

本文旨在讨论西方哲学家提出的几种美德模式。当代哲学对美德发生兴趣，可以追溯到安斯康姆在 1958 年发表的那篇著名文章《现代道

* 南希·斯诺（Nancy Snow），美国堪萨斯大学哲学系教授。李义天，清华大学高校德育研究中心教授；赵嘉，清华大学马克思主义学院博士研究生；朱慧玲，首都师范大学哲学系副教授。

德哲学》。安斯康姆批判了后果主义和义务论，认为二者都是不可行的道德理论。她对哲学家没有发展出一套充分的心理哲学感到惋惜，并希望人们将更多的注意力放在“行动”和“意图”这样的基本概念上，更多地关注正义、勇气和人类的善或繁荣等“厚重”的道德概念。尽管她把我们的注意力引向亚里士多德，但是，她并未给出一种美德学说。她抱怨说，我们没有“说清楚怎样类型的品格才是美德——这不是一个伦理学问题，而是一个概念分析问题——也没有说清楚，美德同它所体现的行为之间是怎样的关系：在我看来，亚里士多德也未能真正阐明这个问题”（Anscombe，2006：483）。后来的学者可以被视为不断在试图充实美德概念，为这种“类型的品格”赋予更多的实质内容（例如，Dent，1984：1）。

有两个主要的思想流派为这项事业做出了贡献。一个被称为“美德伦理学”（virtue ethics），而另一个被称为“美德理论”（virtue theory）（参见 Hursthouse，2012）。美德伦理学是一种规范性的伦理理论，它以美德作为核心的理论概念，并通过美德来定义和理解其他概念。赫斯特豪斯是这个领域的先驱，她提出了一种取代后果主义（它赋予后果概念和道德优先性）和义务论（它赋予规则或义务优先地位）的新亚里士多德主义的美德伦理学。而美德理论则谋求解释和论证美德。美德理论可以但不一定是美德伦理学的组成部分。有些美德理论也是其他理论类型（例如后果主义或义务论）的组成部分。

通过考察20世纪末21世纪初有关美德理论和美德伦理学的作品，我们可以发现理解美德的诸多进路。其中，有三种模式颇有影响：作为一种品格特征的美德，作为一种知觉能力或敏感性的美德，以及作为一项技艺的美德。

美德理论：尴尬的丰富性

英美哲学界一直在回应安斯康姆的挑战。尽管他们中有许多人的作品出现在美德伦理学与美德理论之间产生区分前，但是，它们都可以合理地被归入美德理论的阵营。在英国，冯·赖特（von Wright，1963）、吉奇（Geach，1977）和登特（Dent，1984）开展有关美德的研究。菲利帕·福特（Philippa Foot，1978）则通过捍卫和发展描述主义——这是美德在其中处于核心位置的一种自然主义伦理学进路，它反对当时盛行的黑尔（R. M. Hare）的规定主义思想——而贡献了关于美德思想的主线。与黑尔主张事实与价值存在明确区分的看法不同，福特坚持认为，某些描述是负载着价值的，因而具有行动指导的力量。福特后来进一步投身于为美德提供自然主义辩护的任务（Foot，2001）。在美国，布伦特（Brandt，1970）、沃勒斯（Wallace，1978）和平可夫（Pincoffs，1986）都对美德进行了重要阐释，但真正的“美德革命”却是发生在1981年，随着阿拉斯戴尔·麦金泰尔《追寻美德》一书的出版而出现。在麦金泰尔的全面论述中，他对困扰现代伦理理论的弊病——丧失了最初赋予道德概念意义的理智传统——做出诊断，并断言只有恢复能让我们过上德性生活的传统，才可以纠正现代社会的概念混淆和道德混乱。

大多数研究美德的早期思想家，如，冯·赖特（von Wright，1963：142－143）、登特（Dent，1984：9）、吉奇（Geach，1977：12）、沃勒斯（Wallace，1978：159）、福特（Foot，1978：4－5）以及麦金泰尔（McIntyre，1981），都遵循亚里士多德的观点，承认美德是一种品格特征，即一种稳固而可靠的秉性，凭借它们，人们以特定的方式去感知、思考、情感和行动，从而对世界上那些被看作构成上述感知、思考、情感和行动之道德理由的相关事实做出回应。所有人都相信，美德是人的性质或特性，它们能够帮助人实现重要的人类善（而如果没有美德，就无法实现它们），并且，实践智慧能够指导美德行为，而美德行为又是出于恰当的动机，也就是说，这样的行为会表达行为者对于美德所传达的那些价值——如慷慨和关心他人——的承诺。作为新亚里士多德主义者，他们从自然主义的角度认识美德。美德虽是后天习得的特征或秉性，但它们却属于人性的一部分，并且与人类的向善能力一致。众所周知，福特（Foot，1978：8）曾指出，美德是对不良行为或倾向的矫正。新亚里士多德主义者相信，美德部分构成了人类的繁荣，在这个意义上，美德对于人的好生活来说是必要的，但不是充分的。

平可夫（Pincoffs，1986：79）提出了一种把美德和恶德看作人的秉性特征的观点，为人们偏爱或回避其拥有者提供了依据。休谟就认为，美德是对我们自己或他人有用或令人愉悦的人的秉性，所以，我们有理由将平可夫的观点解读为休谟观点的一种变体。而功利主义者布伦特（Brandt，1970：27）则论证了关于品格特征的动机理论，根据该理论，品格特征是内在固有的渴望和厌恶，是对某种需要进行表达或回应的相对永恒的秉性。这些特征被描述为虚拟条件句，也就是说，它们采取如下形式："如果萨利遇到需要帮助的人，那么她会表现出同情。"针对这种说法，布伦特（Brandt，1970：35－37）从几个方面做了限定，他指出，即便一个人在饱受期待的情况下没有采取同情的行动，我们也不会否定掉这个品格特征的性质。因为，可能是其他的心理因素（比如情绪紊乱、心情亢奋等）干扰了这个品格特征的运行。然而，布伦特指出，如果不存在这些因素，那么品格特征就会表现为具有一定标准水平强度的渴望或厌恶。而这种标准水平是无法被精确给定的，它随着个人及其环境的变化而变化。

赫尔卡（Hurka，2001，2010）和德雷弗（Driver，2001）属于比较晚近的功利主义美德理论家。赫尔卡（Hurka，2001：ch. 1；2010，59ff.）认为，美德是一种高阶属性，它爱善向善，不喜欢缺少善；而恶德是另外一种高阶属性，它喜欢恶而憎恶善。赫尔卡（Hurka，2001：42）拒绝承认美德是稳定的秉性，相反，他选择"原子式地理解美德，试图在当下发生的欲望、行动和感觉中寻找美德，而无论美德是不是更持久的品格特征"。德雷弗（Driver，2001：xxi）指出，美德与良好的心理状态没有必然联系。对她来说，美德是一种能够系统地带来好结果的特征，而无论该特征是在局部起作用还是在整体范围中起作用，也不管该特征的拥有者的精神状态究竟如何（Driver，2001：xxviii）。

汤普森（Thomson，1996，1997）提出了另一种美德理论，根据该理论，勇敢和慷慨等美德都属于二阶善，它们依赖于复杂的方式，但不能被简化为一阶善。一阶的善是非道德的，二阶的善是道德的。这里，相关之处在于，汤普森的论述看上去融合了品格特征的概念。就正义而言，她写道："正义就是采取正义行动的倾向亦即倾向于实施某人亏欠他人的事情。"（Thomson，1997：282）斯诺（Snow，2010：9）指出，特征概念在她看来并不是次要的概念，但汤普森没有详细展开这个概念。

韦伯（Webber，2006a：109）发展了萨特的品格理论，根据该理论，

> 特征就是人们为了回应条件和环境而采取的计划（project），这些计划不一定要以改变世界为目的，而且，那些参与这些计划的人即便被告知了他们的计划，也可以无须承认他们就这样参与其中。

最后，扎格泽博斯基（Zagzebski，2010：50－53）介绍了榜样主义的美德理论（exemplarist virtue theory），该理论的基础不是概念，而是榜样，即一位堪称典范的善好并因此值得敬佩的美德之人。值得敬佩的人会让我们产生敬佩之情。圣方济各（St Francis of Assisi）、孔子（Confucius）和基督（Christ）都是榜样。扎格泽博斯基以堪称典范的善好之人或值得敬佩的人作为标准，定义了一系列的道德概念。她把美德定义为"在值得敬佩的人身上为我们所敬佩的特征。正是这种特征，使得一个人在某些方面表现出堪称典范的善好"（Zagzebski，2010：52）。

美德伦理与情境主义：品格特征的核心性和争议性

从不同视角开展研究的美德伦理学家都承认，美德是一种品格特征，在早期阶段，它被定义为"亚里士多德式的"，即一种可以在不同情境类型中稳定地带来美德行为——它们出自恰当的动机，受到实践智慧的指引——的根深蒂固的品格特征或秉性。由这些特征带来的美德行为通常都能成功实现它们的目标。扎格泽博斯基（Zagzebski，1996：

134－137）就持这种看法。严格来说，她还不是一名美德伦理学家，但她试图把美德伦理学同正在兴起的美德知识论——这是一种把理智美德置于理论核心位置的知识论进路——统一起来。而新亚里士多德主义者赫斯特豪斯（Hursthouse，1999：10－13）和拉塞尔（Russell，2009：29）则跟斯沃顿（Swanton，2003：1，19）和安娜斯（Annas，2011：4）一样，也支持上述观点，斯沃顿提出了一种非幸福主义的美德伦理多元论，而安娜斯则给出了一种经过发展的美德学说。应该注意，我们最好把安娜斯和拉塞尔看作美德理论家（而不是美德伦理学家），因为他们挖掘的是关于美德洞见的古代哲学资源。亚里士多德主义的美德概念，从广义上说，不仅符合那位主张"以行为者为基础"的斯洛特的看法（Slote，2001：7，36）——这种美德伦理学进路认为，行动的伦理地位从关于人们内在生命的德性事实或美德相关事实中派生而来，我们应该根据行为者的整体动机来对行动给予道德评价——也符合对这种美德伦理学提出修订意见的多瓦克的看法（Doviak，2011：264－267）。

对美德伦理学及其亚里士多德主义立场的挑战，来自那些被称作"情境主义者"的哲学家。哈曼（Harman，1999，2000）、多里斯（Doris，1998，2002）和梅里特（Merritt，2000）等人带头发难，在他们眼里，"美德"这种品格特征是"总体的"（global）或"稳健的"（robust）。他们批评的关键点在于，美德伦理学缺乏足够的实证心理学研究，所以应该抛弃。凭借大量的社会心理学研究，他们对于是否存在这样的总体特征深表怀疑，也对这些特征是否能够影响行为的产生深表怀疑。哈曼（Harman，1999：316）就指出，社会心理学会让我们没有理由认为存在这种总体特征，从而也就没有理由认为我们能够变成美德伦理学要求我们成为的那种人。他发现，使用"美德"这个词是有害的，因此要求人们摒弃它（Harman，1999：327－328）。而多里斯（Doris，2002：6）虽然承认少数人可能具有这种总体特征，但是，他否认该特征与行为的产生之间有何关联。如今，多里斯和斯蒂奇（Doris and Stich，2005：121）更接近哈曼（Harman，1999）的立场，因为他们坚持认为，寻找这些总体特征存在的证据，从而寻找哲学传统意义上美德和品格的存在证据，这是美德伦理学家必须承担的重负。

在另外一些研究中，情境主义者引用了米尔格拉姆（Milgram，1974，1977）的著名实验，其中的“实验者”身穿实验服，告诉被试者要对假扮成“学习者”的实验对象进行电击（其实是假的）。许多被试者虽然表现出焦虑和痛苦，但还是会服从实验者的指令（参见 Snow，2010：113）。而不同的实验条件会带来不同的行为。例如，当实验者和被试者不在同一房间时，服从行为会大幅减少；当被试者和学习者面对面近距离接触时，服从行为也会大幅减少；只有当实验者命令被试者强行将学习者的手放在电板上时，学习者才会遭到电击（Milgram，1977：103，106，110；参见 Snow，2010：112－113）。

受到情境主义批判的影响，一些哲学家对品格特征/美德概念做了改进，他们相信，经过改进的美德概念可以同情境主义的研究成果相容。多里斯（Doris，1998，2002）、梅里特（Merritt，2000）、戈尔迪（Goldie，2004）、亚当斯（Adams，2006）、厄普顿（Upton，2009）以及米勒（Miller，2009a，2009b，2010）就是这样的学者。

多里斯（Doris，2002：25，62ff.；1998：507）指出，社会心理学的研究虽然通常反对把问题归因于总体特征，但它却可以保证把问题归因于局部特征，而后者只跟具体的情境有关，仅仅涉及那些可以客观描述的情境特征。通过观察具体的行为规律，我们可以正当地指认某人具备某种特征，比如，办公室和聚会场合的社交能力或是战场上的勇气，但并非不加任何限定的社交能力或勇气。他坚持认为，支持把问题归因于局部特征的经验证据证明了一种强有力的人格碎片化假说，亦即，人格应该被理解为一些局部的、与具体情境相匹配的、可以被分开来评价的品格特征的组合（Doris，2002：25，64）。最近，梅里特等人对认知的统一性展开抨击，进而强化了他们关于人格具有分裂性本质的看法（Merritt，et al. 2010）。

梅里特还指出，“与具体情境相关的局部特征”可以得到社会心理学研究的支持。她相信，这些美德依赖于社会支持的给养，比如熟悉的环境和人际关系，并且，她认为这些美德是“休谟主义的”，而不是

“亚里士多德主义的”（Merritt，2000）。根据她的休谟主义观点，品格在很大程度上取决于持续的社会贡献，而“亚里士多德主义的”概念却主要体现为自足的动机。梅里特怀疑，当社会不能提供足够支持时，我们是否还能获得维持美德所必需的自足动机。在她看来，我们的美德不仅要跟情境相适应，而且要靠情境而获得暂时的存续和力量（Merritt，2000）。

戈尔迪（Goldie，2004：ch. 3 and 4；亦参见 Webber，2006b：194）接受社会心理学研究的情境主义阐释，认为我们一直有个坏习惯，即总是在应该仅仅归因于局部的、与具体情境相关的特征时，错误地把一些稳健的特征归因于人。尽管有这样的坏习惯，但他相信，基于对人们的纵向经验，我们还是能够就人的品格逐渐形成可靠的“民间知识”（folk knowledge）。不仅如此，如果我们观察自身的局部特征，比如办公室和聚会场合的社交能力，并且赞成一般意义上的社交能力，那么，我们就可以通过谨慎和意志这样的执行性美德（executive virtues）来协调我们的碎片化特征，将其拓展到不同情境类型，从而形成更一般的特征。

亚当斯（Adams，2006）则说，美德是向善而生的过程中出现的卓越性。他（Adams，2006：ch. 8）也接受情境主义的批评。与布伦特（Brandt，1970：31；参见 von Wright，1963：142）一样，亚当斯（Adams，2006：120－121）也认为，美德不是他所说的“直接秉性”（direct dispositions），不是通过与特征的自然本质密切相关的方式而表现出来的秉性。美德不像是人们在说话时常常表现出来的那种健谈的秉性。比如，勇气或诚实这样的美德就会在非常不同的情境中表现为不同的行为。身体方面的勇气可以表现在战场或拳击台上，道德方面的勇气可以表现在面对严重疾病或与不公正做斗争的过程中。同样地，诚实也可以表现在法庭上宣誓的时候，或是表现在申报个人所得税的时候。基于情境主义以及针对美德的观察，亚当斯（Adams，2006：122－130）提出这样一种观点：美德是概率性的、模块化的。概率性的美德，无须在每一个有机会实施美德行为的场合中都表现出来。它们反映的只是人类处境的现实，而不是最佳美德行为的理想。亚当斯（Adams，2006：125）还指出，把美德看作模块，看作相互独立的、或多或少各有主导领域的秉性，这也跟情境主义的研究成果相符。与戈尔迪（Goldie，2004）相似，亚当斯声称，这些模块化的秉性可以被“组合起来，形成一种更加包容的秉性”。当这些能够产生跨情境的连贯行为的复合秉性在道德上是善的时候，它们就“构成了一种更真实、更完整的具体美德”（Adams，2006：127）。亚当斯承认，美德需要适当的动机，正如它也需要稳固的欲望，需要持久的信念、思维模式、前景预期和敏感性一样（Adams，2006：130－135）。美德的这些内在要素具有稳定性和持久性，能够产生常态化的行为模式。

厄普顿（Upton，2009：xii－xiv）认为，繁荣的生活应该包括她所说的“情境化的”品格特征，

> 道德行为者具有某种情境化的品格特征，仅当（1）他拥有与这种品格特征所有相关情况相适应的心理特征；以及（2）他做出的那些道德恰当反应不会蔓延到多个普通情境。

所以，人们既可以有“与亲友在一起时保持节制”的品格特征，也可以有“除了喝酒以外其他时候都保持适度”的品格特征（Upton，2009：xiv）。然而，总体特征有其理论价值和规范价值，因此不应被情景化特征取代，后者只是对于实践领域中那些不够完美的行动者而言，才是有用的（Upton，2009：xiv）。

最后，在情境主义与美德伦理学的这场争论中，米勒（Miller，2009a，2009b，2010）开辟了新的研究领域。他通过社会心理学的仔细分析，特别是对那些影响情绪的社会心理学研究的仔细分析，论证了“总体助人特征”（gloal helping traits，GHTs）是存在的（Miller，2009a：250－256；2009b；2010），该特征具有总体性和稳定性，并由内疚、尴尬、移情以及适度的好情绪和坏情绪这样的因素引发。而从他（Miller，2010：27－29）给出的反对意见看来，“总体助人特征”带来的行为模式非常普通，它们根本就不是品格特征，而只是人性的表现。

米勒反驳称，研究表明，并非所有人都具有总体助人特征。对于这些数据，按照他所支持的解释方案来说，总体助人特征确实是一种品格特征，但它与其他品格特征（如同情）是不一样的。

与上述哲学家不同，拉塞尔（Russell，2009）和斯诺（Snow，2010）并不认同情境主义的批判，而是从社会认知心理学中探寻回答问题的理论资源。他们通过在米歇尔（Mischel，1973，1999，2007）和正田裕一（Shoda，1995）的认知-情感理论（cognitive-affective theory）中寻求一种得到经验充分证明的人格理论来回应情境主义。该理论被称为认知-情感人格系统（cognitive-affective personality system，CAPS），它是从认知-情感单元（如价值观、目标、期望、欲望、认知、情感和自我调节策略等）的角度，在心理加工层面对人格进行概念化理解（参见Snow，2010：19－21）。在回应外部刺激（如看到需要帮助的人）或内部刺激（如思考和想象）时，重复激活这些单元可以使其相互联系，从而形成相对稳定的结构或特征。例如，在多次看到需要帮助的人后，我可能会形成同情的特征。反复激活这些认知-情感单元，比如，相信他人需要帮助的信念、对他人的处境感到悲伤的情绪、希望提供帮助的欲求以及形成施以援手的计划，最终将会建立起一种稳定的内部结构。这些结构由不同的变量组成，其中一些变量在某些场合被激活，而另一些在其他场合被激活。例如，我可能为他人的困境而感到悲伤，但我并没有打算帮助他，这也许是因为我知道我无能为力，也许是因为已有他人在帮助他了。激活这些回应情境特征的单元的过程中所出现的这种可变性，被称为特征动力学（trait dynamics）。它解释了我们在人格方面经常看到的灵活性——我们能够以不同的方式来回应不同的情境。

认知-情感人格系统理论还解释了我们何以用同样的方式来回应不同的客观情境。这是因为，它认真对待人的识解（constual）事实，即人们以不同的方式看待或解释情境。对人们来说，情境是有意义的，而这种意义在认知-情感人格系统的理论框架中产生了“人格特性”（personality signatures），它表现为“如果……那么……”的形式。举例来说，玛利亚的人格特点是，如果她被人戏弄，那么她会做出攻击性的反应。同样，约翰尼的特点是，如果他被人取笑，那么他会做出可怕的反应。对于个人的人格特性，我们都能找到相应的经验证据支持（参见Snow，2010：21－25）。

斯诺（2010）和拉塞尔（2009）强调了认知-情感人格系统理论对于美德伦理学的重要性。不仅特征的结构和动力机制都符合哲学传统意义上的美德概念（如亚里士多德主义的美德概念），而且，对识解的强调也非常吻合那些拥有实践智慧并且以正确的方式“洞察”情境的美德之人。社会认知主义（Social-cognitivism）承认识解的重要性，这与情境主义在20世纪70年代以及更早时期对社会心理学的依赖形成了对比。后者并没有考虑那些被试者如何理解情境，而是实验者在决定，什么样的情境应该产生涉及品格特征的行为，而这种行为又应该是什么样子。多里斯（Doris，2002：25，62ff.；1998：507）顺着他的局部特征概念（这些特征适用于情境的客观特征），推出了“诚实应答”与“办公室-聚会场合的社交能力”等特征。相比之下，得到经验证实的人格特性则提供了依据，可以让我们把这些揭示出情境之于人们意义的局部特征归于他们。假设我们对玛利亚的人格特性有充分证据，那么，如果她在操场上或数学课上或健身房中被人戏弄，我们就可以预测，在其他因素相同的情况下，她通常都会做出攻击性反应，因为无论发生戏弄的那个情境的客观特征是什么，戏弄本身对她来说都是有意义的。之所以要说“其他因素相同的情况下”这句话，是因为有可能存在这样的事实，即出于某种抵消因素，玛利亚的攻击性倾向也许根本没被激活，或者，由于有充分的力量影响到她的行为而使之没被激活。如果玛利亚是在生病或害怕的时候被人戏弄，她也许就不会做出攻击性反应。只要这样的情况相对少见或比较反常，那么，它们就不会消解“她在被戏弄时便会做出攻击性反应”的说法。

玛利亚的攻击性行为可能一开始被归结为局部特征，但是，如果我们注意到她无论何时何地被戏弄都会产生攻击性反应，那么，我们就有充分的证据将其归因于某种总体特征。斯诺（Snow，2010：85）指出：“根据认知-情感人格系统理论的……特征概念来理解的美德，都是一些由独特的动机、认知和情感因素所紧密整合起来的东西，其中，认知和情感的组成部分是由有美德的动机所塑造和指导的。”因此，美德可以合理地被看作认知-情感人格系统所说的特征的子集，而这套系统中的那些局部特征，则可以通过审慎的努力以及习惯的行为而普遍化为总体特征。斯诺（Snow，2010：31ff.，ch.2）简要地描述过，局部的美德何以能够融入总体的美德，而恶德又何以能够得到抑制。为了证明这一点，她借鉴了有关刻板印象激活与遏制（stereotype activation and inhibition）以及目标依赖自动化（goal-dependent automaticity）——其中，人们无意识持有但又反复被激活的目标会影响人的行为——的实证心理学研究成果。

拉塞尔（Russell，2009：part Ⅲ）则论证了一种大体相似的方法。他（Russell，2009：330）首先将认知-情感人格系统理论作为一种人格理论，然后将“品格”定义为具有规范意义的人格的一部分，或者是人格中具有伦理特征的那一部分子集，或者是整个人格的伦理维度。于是，“品格特征”就被定义为“认知-情感属性的融贯结合体”（Russel，2009：330）。最终，“美德”就是“这样一种品格特征，凭借它，人们能够在整全的伦理视角下，常态化地并且是在实践智慧的引导下出于好的理由而行动”（Russell，2009：330）。

作为知觉能力或敏感性的美德

把美德解释为特征，这并非概念图景中的唯一模式。麦克道威尔（McDowell，1979：331）声称提供了一种“由内而外”的美德模式，亦即出于美德行为者视角的美德模式。在相关情况下，美德行为者意识到，情境的特定特征对他来说正是采取善良行为的理由。而这种意识属于一种知觉能力或敏感性。他写道：

> 传达某种可靠的敏感性，就是知识的表现。也有些习惯说法认为，敏感性本身就能被恰当地描述为知识：一个善良的人知道该如何面对善良所提出的要求。而这种敏感性，我们可以说，就是一种

知觉能力。(McDowell，1979：332)

这还不是关于美德的完整论述。一种完整的论述必须解释，为什么敏感性就穷尽了美德之人的行动理由（McDowell，1979：332)。麦克道威尔从几个角度展开论述。他首先论证了某种“美德统一性”命题，该命题大致是说，如果一个人想拥有任何美德，他就必须拥有全部美德。随后，他又探讨了美德行为的不可法典化性质对于实践推理的影响。他认为，缺乏详尽的规则，并不会妨碍美德之人开展行动，因为，他的行为方式是基于他对美德生活的看法。而这种美德生活的观念在其拥有者的道德心理中所起到的作用，使得麦克道威尔可以应对一种重要的反对意见，即如果美德是一种知觉能力——一种知识的形式——那就必须解释，美德何以能够激发我们的行动。在那篇文章的最后，他为我们提供了一种深入而全面的美德学说。

就像麦克道威尔一样，让我们从如下观点开始：美德是一种知觉能力，运用这种能力可以使拥有者意识到，是情境的各种特征构成了自己在该情境中做出美德反应的理由。那么，他如何从这种关于具体美德的主张出发，转而推出，如果一个人想要拥有任何美德，他就必须拥有全部美德呢？答案就在于我们所面临的这些情境的复杂性及其提出的美德行为要求。麦克道威尔（McDowell，1979：333）指出，（比如）单纯的温柔（gentleness）倾向并不能等同于善良美德，因为，在特定情况下践行这种美德，可能跟该情境特征所强加的公平要求是彼此冲突的。为了成功践行任何一种美德，人们必须对所有的其他美德都保持敏感——并且，我们可以补充说，人们还要能协调好它们提出的各种需要。麦克道威尔（1979：333）对他的论证是这样概述的：

> 除非一个人拥有所有美德（亦即，在一般意义上拥有美德），否则，他不可能充分拥有任何一种美德。因此，具体的美德并非某种独立的敏感性。毋宁说，我们使用具体的美德概念，只是为了标记那个作为一般美德的单个敏感性——它是一种能够识别出情境对人们的行为提出何种要求的能力——在各种表现中的异同之处。当

我们打算培育某种道德观念时，我们就要灌注这种单一而又复杂的敏感性。

如果美德就是知识，那么，我们又怎样区分美德之人的知觉和无德之人的知觉呢？后者会把同样的情境特征感知为行动的理由，但又没有做出有美德的反应。沿着亚里士多德的思路，麦克道威尔（McDowell，1979：334）指出，无德之人的欲望会遮蔽或分散他对那些理由的理解。这些欲望使得他在支持和反对美德行为的理由之间搞平衡，例如，他会权衡生命和身体方面的风险而不去做勇敢之事。而在美德之人那里，虽然不实施美德行为的理由也存在，但它们“沉默不语”。这些理由在美德之人和无德之人那里所显示出来的意义的差异，就在于美德之人具有的但无德之人不具有的那种感知能力或敏感性——本质上，就是他的美德。美德通过这样的方式塑造了美德之人，以至于在他眼里，情境的各种特征为人的行为提供了详尽的或断然的理由。而那些美德之外的因素（比如，为了获得安全或奖励的欲望）尽管得到承认，但它们无法与美德提出的要求构成有效的竞争。对美德之人来说，那些召唤他做出有美德反应的情境特征更显著，因为，它们在心理结构中表现为突出而活跃的因素。

正如“美德统一性”命题所暗示的那样，真正有美德的行为者对于践行不同美德（它们在同一个情境中可能带来相互冲突的行为）的这种需要所具有的显著地位会比较敏感。在这样的语境中，善良的行为也许要求人们背离公平或诚实。而“不可法典化”命题——我们无法通过那些规定在所有情境中如何行动的规则来把握美德行为的复杂性——则要求，美德之人应该践行实践智慧，从而决定在那些可能彼此冲突的美德之中选取哪一个贯彻于自己的行为。麦克道威尔（McDowell，1979：337ff）回应了如下关切，即如果缺乏明确的规则指导，美德行为者的推理也许就会“脱离轨道”，也就是说，偏离了采取最佳行为的路径。通过引用维特根斯坦（Wittgenstein）和卡维尔（Cavell）等学者的观点，麦克道威尔（McDowell，1979：337ff.）指出，规则——无论是数学规则、语法规则，还是道德规则——与超验的客观性无关，而是在更广泛的实践和生活方式中占有一席之地。而我们的敏感性正是在这些实践和生活方式中形成的，因此，当规则不再有效时，我们也并非一无所有，相反，我们拥有的背景知识和专业知识能够让我们对于如何最好地行动做出合理的判断。无论规则是否有效，美德本身都会为我们提供指导和根基。

美德之人持有的美德生活概念塑造了他的敏感性。而美德本身作为敏感性，不能被描述为知识的惰性状态。美德之人拥有麦克道威尔（McDowell，1979：343）所说的“欲望状态”（orectic state），该状态包含了关于他应如何生活的融贯看法，而这种看法无法通过独立的认知要素和动机要素来加以理解。这个整体概念可以充当论证结构的大前提，再加上描述具体情境的小前提，我们就可以得出关于行为者应该如何行动的结论。麦克道威尔（McDowell，1979：343－344）指出，美德生活的概念并非关于具体行为倾向的杂乱集合，而是关于动机关切——美德之人在被要求采取美德行为时必须从中进行选择——的融贯序列。于是，美德之人认为自己在过一种美德生活的看法，就给他提供某个组织合理的框架，使之能对自己的关切进行排序，并能根据这种排序，按照它们在具体场合向他所展示的显著性而选择行动。因此，作为一种知觉能力或敏感性（它是一种知识），美德具有内在的动机力量。而它之所以具有如此力量，又是因为美德属于美德之人的自我观念（认为自己积极投身于有美德的生活之中）的组成部分和（事实上的）嵌入成分。

美德的技艺模式

麦克道威尔的观点引出了一个问题，即，敏感性的传达何以能够算作道德知识？把美德行为者对事实的知觉解释为并且论证为是给行动提供道德理由的那种道德知识论（moral epistemology）又是怎样的？雅各布森（Jacobson，2005：387）指出，我们可以使用知觉的比喻，只要我们“采用一种技艺模式的美德，根据这种模式，美德被塑造为在实践中知道如何（practical know-how）的知识形式”。这种看法的优势在于，我们似乎能够更好地把握那种讨论“知道如何”的知识论，而不是讨论对情境特征（它们构成了道德理由）的敏感性何以能够成为知觉能力的知识论。尽管如此，美德的技艺模式也会涉及美德是什么，以及美德如何发展到有趣的新领域中等问题。雅各布森（Jacobson，2005：302）坚持认为“美德是一种技艺”，坚持认为这是“需要证据的经验主张，而不是把什么算作美德的概念化主张”。如果我们相信美德是一种技艺，那么，我们虽然获得一种貌似合理的美德知识论，但却不能再把美德理解为对其拥有者有益的卓越性，因为，技艺并不一定与善有关（Jacobson，2005：398－408）。假如这样，我们就得承认纳粹的勇气和那些为真正正义的事业而奋斗的人们的勇气一样，都是美德。布隆菲尔德（Bloomfield，2000：28）虽然也认为美德是技艺的子集，但并未处理美德是否因此失去其卓越性的问题。

安娜斯（Annas，1995：228）尽管没有否认美德是卓越性，但她认为“美德是，或者在重要的意义上类似于，一种技艺”。通过采取一种发展的视角，即美德是一种可靠的、动态的秉性，它们类似于某种特定的实践技艺，安娜斯（Annas，2011：8ff.）进一步拓展了这种论证。在她看来，沿着早期苏格拉底的对话和斯多亚学派的观点，把美德看作某种实践技艺，这种看法的关键优势就在于，技艺以及更重要的美德，都可以被视为具有某种理智结构的东西，从而为它们提供了稳健的道德知识论。这种知识结构有三个特点：有些技艺是可教授的；它们要求专家级别的实践者能够对构成该领域的诸原则有统一的把握；它们要求有能力说清楚那些人们据以做出决定和实施行动的原则（Annas，1995：231－233）。安娜斯解释了培育美德就跟发展复杂的实践技能一样，比如弹钢琴。在专家的指导下，从新手到专家是一个循序渐进的过程。而这需要学习者的动机和承诺，也就是说，需要他们有学习美德之人的需求和渴望成为美德之人的驱动（Annas，2011：ch.3）。这些动机都激励新手要通过行动而有所学习。

安娜斯（Annas，2011；1995：234ff.）意识到这是一种理智主义的美德论，并为它提供辩护。然而，针对专家群体的实证研究却对上述明确要求提出了质疑，从而使得这种观点面临重大挑战（Bloomfield，2000：38 - 39；Stichter，2007：192 - 193；Snow，2012）。情况似乎是，专家常常无法说清楚那些用于指导他们做出选择和行动的原则。斯蒂克特（Stichter，2007）在亚里士多德的启发下勾勒出一种与理智主义正好相反的经验主义的技艺模式，针对安娜斯在这些方面的看法提出了挑战。

上述讨论证明，关于美德本质的争论依然充满活力。毫无疑问，随着哲学家们对美德和相关概念提出新的见解，这些争论还将会继续下去。

参考文献

Adams，R. 2006. *A Theory of Virtue：Excellence in Being for the Good*. New York：Oxford University Press.

Annas，J. 1995. "Virtue as a Skill." *International Journal of Philosophical Studies* 3（2）：237 - 243.

——2011. *Intelligent Virtue*. New York：Oxford University Press.

Anscombe，E. 2006. "Modern Moral Philosophy." in S. Cahn and P. Markie eds. *Ethics：History，Theory，and Contemporary Issues*，3rd edition. New York：Oxford University Press.

Bloomfield，P. 2000. "Virtue Epistemology and the Epistemology of Virtue." *Philosophy and Phenomenological Research* LX（1）：23 - 43.

Brandt，R. 1970. "Traits of Character：A Conceptual Analysis." *American Philosophical Quarterly* 7（1）：23 - 37.

Dent，N. 1984. *The Moral Psychology of the Virtues*. Cambridge，UK：Cambridge University Press.

Doris，J. 1998. "Persons，Situations，and Virtue Ethics." *Nous* 32（4）：504 - 530.

——2002. *Lack of Character：Personality and Moral Behavior*.

Cambridge, UK: Cambridge University Press.

——and Stich, S. 2005. "As a Matter of Fact: Empirical Perspectives on Ethics." in F. Jackson and M. Smith eds. *The Oxford Handbook of Contemporary Philosophy*. New York: Oxford University Press.

Doviak, D. 2011. "A New Form of Agent-Based Virtue Ethics." *Ethical Theory and Moral Practice* 14: 259 – 272.

Driver, J. 2001. *Uneasy Virtue*. Cambridge, UK: Cambridge University Press.

Foot, P. 1978. *Virtues and Vices*. Berkeley and Los Angeles, CA: University of California Press.

——2001. *Natural Goodness*. Oxford, UK: Clarendon Press.

Geach, P. 1977. *The Virtues*. Cambridge, UK: Cambridge University Press.

Goldie, P. 2004. *On Personality*. New York: Routledge.

Harman, G. 1999. "Moral Philosophy Meets Social Psychology: Virtue Ethics and the Fundamental Attribution Error." *Proceedings of the Aristotelian Society* 99: 315 – 331.

——2000. "The Nonexistence of Character Traits." *Proceedings of the Aristotelian Society* 100: 223 – 226.

Hurka, T. 2001. *Virtue, Vice, and Value*. New York: Oxford University Press.

——2010. "Right Act, Virtuous Motive." in H. Battaly ed. *Virtue and Vice: Moral and Epistemic*. Oxford, UK: Wiley-Blackwell.

Hursthouse, R. 1999. *On Virtue Ethics*. Oxford: Oxford University Press.

——2012. "Virtue Ethics." http: //plato. stanford. edu/entries/ethics-virtue/ (accessed March 2, 2013).

Jacobson, D. 2005. "Seeing by Feeling: Virtues, Skills, and

Moral Perception." *Ethical Theory and Moral Practice* 8: 387 – 409.

MacIntyre, A. 1981. *After Virtue: A Study in Moral Theory*. Notre Dame, IN: University of Notre Dame Press.

McDowell, J. 1979. "Virtue and Reason." *The Monist* 62: 331 – 350.

Merritt, M. 2000. "Virtue Ethics and Situationist Personality Psychology." *Ethical Theory and Moral Practice* 3: 365 – 383.

——, Doris, J., and Harman, G. 2010. "Character." in John M. Doris and the Moral Psychology Research Group eds. *The Moral Psychology Handbook*. New York: Oxford University Press.

Milgram, S. 1974. *Obedience to Authority: An Experimental View*. New York: Harper Collins.

——1977. *The Individual in a Social World: Essays and Experiments, Reading*. MA: Addison-Wesley.

Miller, C. 2009a. "Empathy, Social Psychology, and Global Helping Traits." *Philosophical Studies* 142: 247 – 275.

——2009b. "Social Psychology, Mood, and Helping: Mixed Results for Virtue Ethics." *The Journal of Ethics* 13: 145 – 173.

——2010. "Character Traits, Social Psychology, and Impediments to Helping Behavior." *Journal of Ethics & Social Philosophy* 5 (1): 1 – 36.

Mischel, W. 1973. "Toward a Social Cognitive Reconceptualization of Personality." *Psychological Review* 80 (4): 252 – 283.

——1999. "Personality Coherence and Dispositions in a Cognitive-Affective Personality System (CAPS) Approach." in D. Cervone and Y. Shoda eds. *The Coherence of Personality: Social-Cognitive Bases of Consistency, Variability, and Organization*. New York: Guilford.

——2007. "Toward a Science of the Individual: Past, Present, and Future?." in Y. Shoda, D. Cervone, and G. Downey eds. *Persons in Context*: *Building a Science of the Individual*. New York: Guilford.

——and Y. Shoda 1995. "A Cognitive-Affective System Theory of Personality: Reconceptualizing Situations, Dispositions, Dynamics, and Invariance in Personality Structure." *Psychological Review* 102 (2): 246 - 268.

Pincoffs, E. 1986. *Quandaries and Virtues*: *Against Reductivism in Ethics*. Lawrence, KS: University Press of Kansas.

Russell, D. 2009. *Practical Intelligence and the Virtues*. Oxford: Clarendon Press.

Slote, M. 2001. *Morals from Motives*. New York: Oxford University Press.

Snow, N. 2010. *Virtue as Social Intelligence*: *An Empirically Grounded Theory*. New York: Routledge.

——2012. "Intelligent Virtue: Outsmarting Situationism." Paper presented at the Pacific Division Meeting of the American Philosophical Association, 6 April, Seattle, WA.

Stichter, M. 2007. "Ethical Expertise: The Skill Model of Virtue." *Ethical Theory and Moral Practice* 10: 183 - 194.

Swanton, C. 2003. *Virtue Ethics*: *A Pluralistic View*. New York: Oxford University Press.

Thomson, J. 1996. "Evaluatives and Directives." in G. Harman and J. Thomson, *Moral Relativism and Moral Objectivity*. Cambridge, MA: Blackwell.

——1997. "The Right and the Good." *The Journal of Philosophy* XCIV (6): 273 - 298.

Upton, C. 2009. *Situational Traits of Character*: *Dispositional Foundations and Implications for Moral Psychology and Friendship*. Lanham, MD: Lexington Books.

von Wright, G. 1963. *The Varieties of Goodness*. New York: The Humanities Press.

Wallace, J. 1978. *Virtues and Vices*. Ithaca, NY: Cornell University Press.

Webber, J. 2006a. "Sartre's Theory of Character." *European Journal of Philosophy* 14 (1): 94 - 116.

——2006b. "Virtue, Character, and Situation." *Journal of Moral Philosophy* 3 (2): 193 - 213.

Zagzebski, L. 1996. *Virtues of the Mind: An Inquiry into the Nature of Virtue and the Ethical Foundations of Knowledge*. Cambridge, UK: Cambridge University Press.

——2010. "Exemplarist Virtue Theory." in H. Battaly ed. *Virtue and Vice: Moral and Epistemic*. Oxford, UK: Wiley-Blackwell.

书　评

重构马克思主义伦理学的问题、理论与方法

——读张霄教授《当代英美马克思主义伦理学研究》

张冰玉*

摘　要：张霄教授的《当代英美马克思主义伦理学研究》一书在全面细致又详略得当地梳理研究材料的基础上，描绘出当代英美国家的马克思主义伦理学的整体图景。通过对英美马克思主义伦理学材料的整体把握，该书梳理出了研究当代英美马克思主义伦理学的问题、理论与方法，构建了理解英美马克思主义伦理学的研究框架。与此同时，该书批判地分析了英美学者们的观点和理论，为进一步思考和发展马克思主义伦理学做出了贡献。

关键词：当代英美马克思主义伦理学　伦理学问题　伦理学方法

20世纪70年代以来，西方资本主义国家的马克思主义研究由西欧大陆向英美转移，英美马克思主义在西方国家的马克思主义研究中长期占据主导地位。近年来，中国学者对马克思主义理论在英美国家的发展日益重视。发展具有中国特色的当代马克思主义伦理学，不仅要了解中国特色社会主义思想文化的特征，也要懂得把握当代马克思主义伦理学发展的世界性问题。可以说，张霄教授的《当代英美马克思主义伦理学研究》正是梳理当代英美马克思主义伦理学思想潮流，为我们打开世界

---

* 张冰玉，中国人民大学哲学院博士研究生。

眼光的一本力作。

英美马克思主义伦理学的研究和以往正统的马克思主义伦理学研究颇为不同。英美马克思主义伦理学与其说是具有马克思主义性质的伦理学，不如说是与马克思主义有关的伦理学，它将马克思主义视作一种用以构造其伦理学理论的思想资源，其理论基础实际上是规范伦理学。因此，大多数英美学者重建的马克思主义的道德理论是功利主义、道义论或者美德伦理学，而一些西方的伦理学问题也就成了马克思主义伦理学问题。尽管与正统的研究有所不同，但是英美学者对马克思主义伦理学的重构的理论和方法也极大地丰富了马克思主义伦理学。

在该书中，张霄教授主要做了两项工作。他首先对当代英美马克思主义伦理学研究材料进行了梳理，并在此基础上，对这些材料进行了分析。第一项综述工作要求作者全面客观地收集材料，向读者展示当代英美马克思主义伦理学相关的主要流派、人物及其观点等。第二项分析工作则要求进一步深入地考察这些观点和理论，这需要作者在对马克思主义理论有着总体把握的基础之上，将诸多材料放置在逻辑结构清晰的框架之中，阐明它们的内在关联，对它们进行批判性分析，展示出英美马克思主义伦理学对马克思主义伦理学的重构。

这两项工作都颇有难度。其一，在搜集研究材料方面，尽管已有前人做过一些工作，如杰拉斯《关于马克思和正义的争论》《把马克思带入正义：补遗与反驳》、佩弗《马克思主义、道德与社会正义》等，但这些资料或零散局限，或亟待更新，都还需进一步的补充与完善。其二，在分析考察材料方面，由于马克思主义的整体的理论结构复杂，想要兼顾总体与部分地分析马克思主义伦理思想和道德观念也是很困难的。

关于后一点，在该书中，张霄教授创造性地提出了理解马克思主义伦理思想和道德观念的五项原则，分别是经济规定论、历史规定论、阶级规定论、规律规定论、人与社会协调发展①。张霄教授解释，经济规

---

① 张霄．当代英美马克思主义伦理学研究．重庆：重庆出版社，2020：8.

定论即坚持从利益的角度看待道德的起源与本质；历史规定论即坚持历史地、社会地看待道德的变化和发展；阶级规定论即坚持从阶级利益和阶级对抗的角度看待道德的本质和功能；规律规定论即坚持道德的发生、发展、变化都有规律可循；人与社会协调发展原则，即坚持人的发展和社会的发展可以协调，坚持从人的发展与社会发展的矛盾关系中看待人与社会及其相互关系①。这五项原则读来亲切自然，原因在于它们不是凭空产生的臆想，也不是来自外部的理论体系，它们所体现的恰恰是马克思主义哲学的精神，它们是来自马克思主义哲学内部的方法论。

该书主要分为四个部分，作者将其命名为问题重现、价值重塑、理论重建与方法重构。这四个部分层层递进，分别回答了马克思主义与道德关系问题如何重现、马克思主义道德价值及其相互关系如何理解、马克思主义道德理论及其相互关系如何理解、马克思主义伦理学研究方法及其关系如何理解这几个问题。

一、马克思主义与道德的三个具体问题

张霄教授首先以 20 世纪 70 年代诸多英美学者对马克思与正义问题的探讨为引，向我们展示了马克思主义非道德论与道德论的理论图景。对于马克思主义非道德论的定义或者说内部划分，作者有自己的解释。他认为虽然反道德论与非道德论有所区别，但在讨论马克思主义与道德的关系时，二者并没有很大的区别，它们在总体上都是对道德的拒绝。因此，在对马克思主义非道德论的介绍中，作者着重阐述的是伍德和米勒的观点。作者认为，伍德和米勒之所以会把马克思看作一个非道德论者，是因为他们所持的道德概念与马克思的理论不相容②。作者将伍德看作非效果论者，从而进一步认为，把马克思的道德理论解释为功利主义的学者将不会同意伍德的立场。对于米勒的理论，作者认同布坎南的

① 张霄．当代英美马克思主义伦理学研究．重庆：重庆出版社，2020：8.

② 同①23.

观点，认为米勒的道德概念不同于康德或罗尔斯乃至任何形式的道义论，从而认为米勒的立场并非表面上看上去那么鲜明。可以看出，作者对于马克思主义非道德论者的理论整体来说持不赞成的态度。在介绍马克思主义道德论时，作者指出，持马克思主义道德论立场的学者众多，且这些道德论者一般认为马克思的反道德论态度或非道德论立场只是表面现象①。作者先后阐述了塞耶斯《分析的马克思主义和道德》、瓦尔德《马克思主义伦理思想家》导言、尼尔森《马克思主义与道德观念》、卢克斯《马克思主义与道德》中的道德论立场。除了以上两个旗帜鲜明的派别，还有杰拉斯等人认为马克思既是反道德论者，又是道德斗士。

虽然作者没有明确说明其立场，但从其字里行间不难看出他想为道德论做建设性工作。在介绍了派别划分之后，作者为马克思主义道德论进一步扫清障碍。他认为，对于道德论者来说，关键在于解释马克思反对与赞成的分别是何种道德。他特别强调，不能笼统地说马克思反资本主义社会道德，因为反“社会”等于反道德的全部内容，也就是反道德本身。因此，必须要从生产关系的角度来区分阶级道德，并指明马克思所反对的是资产阶级道德②。

在有了为道德论的立场服务的目的并指出了关键点之后，作者进入了三个具体问题，即剥削与道德、革命与道德、历史与道德。作者认为这三个问题特别关系到伦理道德在当代马克思主义理论与实践中的处境和地位③。

第一，剥削与道德问题的核心争议在于，马克思的剥削概念是描述性的还是规范性的。在这个问题上，作者阐述了布坎南的观点并表示赞同。作者概括了布坎南观点中马克思关于劳动过程的剥削概念的四个方面，认为剥削概念明显带有道德评价的成分，提到剥削突出地表现为对人的有害的利用④。如果剥削就是将人作为纯粹的营利工具，将人物

① 张霄．当代英美马克思主义伦理学研究．重庆：重庆出版社，2020：23.

② 同①26.

③ 同①43.

④ 同①46.

化，那么就是应该受到道德谴责和道德批判的。

第二，无产阶级的革命意识与道德动机问题的核心在于，如果资本主义社会造就的个人是原子式的，那么无产阶级的阶级意识及其革命何以可能？进一步地，在无产阶级革命的过程中，道德又扮演着什么角色？对此，作者梳理了英美学者的博弈论研究，发现精明理性不会促成集体的革命行动。于是，只有借助道德的力量，才能激发行动力。作者进一步指出，无产阶级革命的道德动机是以相互协作的客观基础为前提的，道德对革命行为的推动作用建立在这一基础上，从而发挥揭示阶级利益、塑造整体的阶级意识的功能，而不是建立在以“原子式”的单个人的“精明理性”上①。

第三，道德判断的正当性与客观性问题是说，作为批判工具和引导规范的道德标准与原则的合法性如何理解和确立。在胡萨米看来，道德判断的正当性来源于阶级利益。但是，胡萨米批判资本主义社会时，使用的是后资本主义社会的标准，这引起了学者们的争论。对此，作者认为，无产阶级道德相比于资产阶级道德是有优越性的，归根结底在于无产阶级代表着更为先进的生产力。

二、马克思主义与价值的三个重要方面

马克思主义伦理学蕴含着丰富的道德价值，为我们提供了宝贵的理论和实践资源。张霄教授在书中总结出这些价值包括正义、人类共同体、自由、人的尊严、人的解放、自主、自我实现等。他将这些道德价值进行了区分：正义和人类共同体是伦理价值或共同体价值，其中正义是核心价值；自由和人的尊严、人的解放、自主、自我实现是道德价值或个体价值，其中自由是核心价值②。在该书的第二部分，张霄教授主要探讨了与马克思主义伦理学相关的价值类型的三个方面，分别分析了

① 张霄．当代英美马克思主义伦理学研究．重庆：重庆出版社，2020：64.

② 同①12.

作为伦理价值的正义、作为道德价值的自由以及价值类型与黑格尔伦理学之间的关系。

第一，马克思主义价值理论与正义的关系。马克思主义在20世纪70年代成为英美国家诸学者研究的热门，和正义理论的复兴有着直接关系。1971年，约翰·罗尔斯的著作《正义论》的问世激发了人们对古老的正义概念的研究热情，而对分配正义问题的探讨尤其热烈。第二年，艾伦·伍德发表《马克思对正义的批判》，认为马克思所说的正义概念作为一种法权概念，在历史唯物主义的语境下缺乏自主性，从而没有规范性。伍德问题无疑给这一讨论添了一把火，引起了学者们对马克思主义与正义问题的广泛讨论。但是，为何正义原则从20世纪70年代起成为焦点问题，绝大多数学者是语焉不详的。张霄教授对这一情况的解释是和当时资本主义国家的社会现状联系起来的。他认为，当时以美国为首的资本主义国家的经济取得发展的同时也出现了很多社会问题，尤其是社会失范的症结①，缺乏引导和规范的社会呼唤良序社会。马克思之所以成为讨论正义问题时的重要人物，是因为正义需要马克思，“在‘社会收益和负担的再分配问题上’、在‘批判现存社会继而为新的良序社会扫除障碍的问题上’需要马克思的批判精神”②。

第二，马克思主义价值理论与自由的关系。在谈到马克思主义与自由的关系时，一些学者将马克思主义的自由理论置于“积极自由”与“消极自由”的框架里来进行分析。而在作者看来，学者们对马克思自由理论的阐释与重建有其合理成分，但是要理解马克思主义的自由观，不应脱离必然、对象化活动、生产实践、共同体这四个概念及其相互关系。通过梳理恩格斯在《反杜林论》中的观点，作者强调，自由是对必然的实践，是在认识必然基础上的对象化活动。因此，就自由而言，对必然的认识和对必然的实践同样重要③。在对以往学者的观点进行批判性分析之后，作者正面阐述了自己的看法，认为人的自由就是人在生产

① 张霄．当代英美马克思主义伦理学研究．重庆：重庆出版社，2020：86.

② 同①87.

③ 同①113.

实践中具体地、社会地、历史地、现实地实现对象化活动的程度，也就是人所能达到的改造世界的程度①。作者从对象化活动的角度而非抽象本体论的层次理解自由，进一步厘清了马克思主义自由观。

第三，马克思主义价值理论与黑格尔伦理学的关系。分析的马克思主义的理论贡献丰富，但一些学者在面对黑格尔时，往往采取拒斥的态度。实际上，黑格尔的精神哲学对马克思的理论影响颇深，我们应当重视马克思对黑格尔在伦理学上批判继承的关系。部分马克思主义理论学者对分析的马克思主义中的不足有所批评，但是马克思与黑格尔之间深刻的伦理学关联有待进一步阐明。在本书中，张霄教授联系了马克思的自由观与黑格尔的自由观，指出了马克思对黑格尔辩证法精巧形式的吸收，以及对后者内容、实质和主体的超越。

三、马克思主义与规范伦理学的两个方向

将马克思主义的道德理论与经典规范伦理学联系起来是不少学者热衷的工作。在归结马克思的道德理论时，一些学者习惯于效果论和非效果论的区分，一些学者习惯于目的论和义务论的划分。因此，怎样安排这些研究材料，需要慎重思考。该书作者认为，对于马克思伦理学这一主题，目的论与道义论的划分方法更为贴切。在作者看来，这是因为马克思的思想更多地靠近“目的”的意义。而美德伦理学相较之下更贴近目的而非效果，因此美德伦理学也被认为是非功利主义目的论的马克思主义。由此，作者在这部分的论述分为两个方向：一个是目的论的马克思主义，另一个是道义论的马克思主义。

目的论的马克思主义，以功利主义的马克思主义为代表。而在功利主义的马克思主义者中，又以艾伦和沙夫较为典型，除此之外，还有布坎南等人偏向于从功利主义的角度理解马克思的伦理学。总的来说，功利主义提出的善是现实的、具体的而丰富的，符合马克思主义的基本精

① 张霄．当代英美马克思主义伦理学研究．重庆：重庆出版社，2020：114.

神。但是，作者担忧，功利主义在理解非道德善时，依据的是方法论的个人主义，这就与马克思从社会关系的角度理解个体价值的思想方法并不一致。作者对马克思主义的方法与这种个人主义的方法进行了对比和梳理，指出，马克思主义伦理学一般把道德现象归结为一定共同体内的社会伦理关系，再把社会伦理关系归结为生产关系，最终在生产力与生产关系的矛盾运动中理解道德现象。而个人主义伦理方式是，从个体道德意识出发，推到个体间的社会伦理关系，再从个体间的社会伦理关系理解社会共同体。个人主义伦理方式可作为马克思主义伦理学的有益补充，但不是马克思主义的①。

道义论的马克思主义，以混合道义论的马克思主义为代表；重建的马克思主义的混合道义论则以布伦克特和佩弗为代表。混合道义论颇接近功利主义，糅合了各家之长，因此也被看作更为完备的道义理论。但是，作者对它提出了更高的要求。在作者看来，即便是混合道义理论，在根本上也以道德价值为基石，而这一基石在马克思与恩格斯那里是绝对不能当作至高标准的。作者指出，道义论无法从根本上调和相对主义与绝对主义的冲突，因为这种冲突是不可能由道德系统独立调和的②。在批判分析混合道义论时，作者依然坚持了马克思历史唯物主义的基本原则。

四、马克思主义与伦理学方法的两条路径

在英美学者那里，研究马克思主义伦理学的新方法有二：其一是分析的方法，其二是道德社会学的方法。在对这两个方法进行说明时，作者使用了具体的案例分析法进行阐释，从而展示出这些方法的用法和新颖之处。

分析的马克思主义主张以分析的方法重建马克思主义的道德理论。

---

① 张霄．当代英美马克思主义伦理学研究．重庆：重庆出版社，2020：151.

② 同①167.

在分析的马克思主义者看来，辩证法没有特别的合法地位，在马克思主义中至多只有分析的方法。参考科恩，分析的思考主要涉及三类技术，即逻辑和语言分析的技术、经济分析的技术以及“理性选择理论”。作者为了展示对分析的方法的具体应用，介绍了埃尔斯特对被迫劳动的研究。对于这种方法，作者一分为二地看待，详细地说明了其合理性问题。不合理方面，作者指出，方法论的个人主义割裂了共同体与个体之间的伦理关系；理性选择理论不是解释道德的唯一方式；逻辑和语言分析的解释方式无法替代道德生活的实践方式[①]。作者立足于马克思的基本观点，其批判性分析坚持了马克思主义社会交往的观点、对共同利益的看法以及实践的立场。合理方面，作者肯定了分析的方法作为一种方法论对明晰马克思主义道义观、深化马克思主义道义理论的理解的理论价值和现实意义；在微观层面解释和分析道德行为的意图的合理性；理性选择理论中的分析工具对研究某些具体道德问题的帮助[②]。尽管分析的马克思主义有其片面性，但是它以清晰的概念和严密的论证处理了宏大的历史唯物主义有时难以说清的一些细节。作者谨慎地为分析的方法划定了范围，指出了它的合理性与边界。

道德社会学的方法不是将马克思主义伦理学建立在道德哲学的基础之上，而是以道德社会理论为土壤。作者从历史唯物主义的研究视角对这一方法进行了肯定。作者指出，历史唯物主义本身就可以被看作历史的社会学。道德社会学方法是伦理学研究的前提和基础，提供了对道德起源、生成、发展的社会学解释，并历史地看待道德的发展变化问题[③]。为了进一步说明道德社会学在研究马克思主义伦理学方法中的意义，作者再次对个案进行分析，讨论了尼尔森对马克思主义意识形态概念的研究。对这一个案的分析和阐发，让我们进一步认识到，在马克思主义伦理学的视角下考察道德现象离不开阶级的、历史的分析。当然，作者并没有就此极力地推崇这一方法，而是冷静地提醒道，道德社会学

① 张霄．当代英美马克思主义伦理学研究．重庆：重庆出版社，2020：184－185.
② 同①186－187.
③ 同①188.

终归是一门研究社会事实的经验科学，不能完全替代研究价值判断的规范伦理学①。

总的来看，张霄教授的《当代英美马克思主义伦理学研究》一书，先后梳理并尝试解决了四个问题，带读者了解了马克思主义对待道德的“矛盾”，从“矛盾”中可提取的道德价值，以这些价值为基础对马克思主义道德理论的重新建构以及建构理论的新方法，环环相扣、层层递进。这本书展现了作者丰富的理论知识和良好的逻辑思维水平，为我们进一步学习马克思主义伦理学提供了宝贵的材料并树立了典范。

① 张霄．当代英美马克思主义伦理学研究．重庆：重庆出版社，2020：200.

稿 约

《马克思主义与伦理学》（*Marxism and Ethics*）是由中国人民大学伦理学与道德建设研究中心主办、重点研究马克思主义伦理学及其基础理论的专业性学术集刊，每年1～2期。本刊以发表马克思主义伦理学、伦理学基础理论等方向的高质量成果为主要载体，旨在彰显马克思主义伦理学的理论与方法，凝聚马克思主义伦理学的人员和团队，推进马克思主义伦理学的思考和探讨，为马克思主义伦理学的学习、研究和实践提供理论参考和学术交流平台。

本刊坚持“史论结合”原则，既关注马克思主义伦理思想的历史发展，也关注马克思主义伦理思想的范式建构。本刊坚持“前后相继”原则，既对马克思主义经典作家的伦理思想进行研究，也对马克思主义伦理学中国化的发展创新予以探索。本刊坚持“内外融通”原则，既反映当代中国学人的理论思考，也观照当代国外学界的前沿动向。

本刊设有“专稿”“现场”“述史”“立论”“域外”“书评”等栏目。欢迎从事马克思主义理论、马克思主义哲学、伦理学、政治学、社会学等相关研究领域的专家学者不吝赐稿。

来稿体例

根据国内外权威学术刊物的惯例，《马克思主义与伦理学》要求来稿必须符合学术规范，在理论上有所创新，或在资料的收集和分析上有所贡献；书评以评论为主，其中所涉及的著作内容简介不超过全文篇幅的四分之一，所选著作以近年出版的本领域重要著作为佳。

来稿切勿一稿数投。因经费和人力有限，恕不退稿，投稿一个月内作者会收到评审意见。

来稿须为作者本人的研究成果。作者应保证对其作品具有著作权并不侵犯其他个人或组织的著作权。译作者应保证译本未侵犯原作者或出版者的任何可能的权利，并在可能的损害产生时自行承担损害赔偿责任。

《马克思主义与伦理学》集刊所刊载文章的版权属于《马克思主义与伦理学》编辑部所有；为适应我国信息化建设的需要，实现刊物编辑和出版工作的网络化，扩大本刊与作者知识信息交流渠道，在本刊公开发表的作品，视同为作者同意通过本刊将其作品上传至网站。作者如不同意作品被收录，请在来稿时向本刊声明。但在本刊所发文章的观点均属作者个人观点，不代表本刊立场。本声明最终解释权归《马克思主义与伦理学》编辑部所有。

作者投稿时，电子稿件请发至：shawruc09@163.com。

本刊来稿体例如下：

1. 稿件第一页应包括如下信息：(1) 文章标题；(2) 作者姓名、单位、通信地址、邮编、电话与电子邮箱。

2. 稿件第二页应提供以下信息：(1) 文章标题；(2) 不超过400字的摘要；(3) 2至5个关键词。

3. 稿件正文内各级标题按“一、”“(一)”“1.”“(1)”的层次设置，其中“1.”以下（不包括“1.”）层次标题不单占行，与正文连排。

4. 各类表、图等，均分别用阿拉伯数字连续编号，并注明图、表名称；图编号及名称置于图下端，表编号及名称置于表上端。

5. 本刊刊用的文稿，采用国际社会科学界通用的“页内注＋参考文献”方式。基本要求：说明性注释采用当页脚注形式。注释序号用①，②，③……标识，每页单独排序。文献引用采用页内注，基本格式为（作者，年份：页码），外国人名在页内注中只出现姓（容易混淆者除外），主编、编著、编译等字眼，译文作者国别等字眼都无须在页内注里出现，但这些都必须在参考文献中注明。文末列明相应参考文献，参考文献中外文分列（英、法、德等西语，可并列，日语、俄语等应分列）。中文参考文献按照作者姓氏汉语拼音音序排列，外文参考文献按照作者姓氏首字母排序。

基本格式为：

作者. 书名. 版次. 译者，译. 出版地：出版社，年份：页码.

作者. 文章名. 所刊载书刊名，年，卷（期）：刊载页码.

图书在版编目（CIP）数据

马克思主义与伦理学. 第6辑 / 吴付来主编. --北京：中国人民大学出版社，2022.12
ISBN 978-7-300-31528-7

Ⅰ. ①马… Ⅱ. ①吴… Ⅲ. ①马克思主义-伦理学-研究 Ⅳ. ①A811.63

中国国家版本馆CIP数据核字（2023）第042607号

马克思主义与伦理学（第6辑）
吴付来 主编
Makesi Zhuyi Yu Lunlixue

出版发行	中国人民大学出版社		
社 址	北京中关村大街31号	**邮政编码**	100080
电 话	010－62511242（总编室）		010－62511770（质管部）
	010－82501766（邮购部）		010－62514148（门市部）
	010－62515195（发行公司）		010－62515275（盗版举报）
网 址	http://www.crup.com.cn		
经 销	新华书店		
印 刷	唐山玺诚印务有限公司		
开 本	720 mm×1000 mm 1/16	**版 次**	2022年12月第1版
印 张	11.75 插页2	**印 次**	2022年12月第1次印刷
字 数	162 000	**定 价**	78.00元